北京市推进京津冀协同发展战略大事记

（2018.3—2022.2）

中共北京市委党史研究室
北京市地方志编纂委员会办公室　编

中共党史出版社

图书在版编目（CIP）数据

北京市推进京津冀协同发展战略大事记：2018.3—2022.2 / 中共北京市委党史研究室，北京市地方志编纂委员会办公室编．-- 北京：中共党史出版社，2022.8
ISBN 978-7-5098-6070-0

Ⅰ．①北… Ⅱ．①中… ②北… Ⅲ．①区域经济发展—协调发展—大事记—华北地区— 2018-2022 Ⅳ．①F127.2

中国版本图书馆 CIP 数据核字 (2022) 第 097994 号

出版发行：中共党史出版社
责任编辑：韩冬梅　于国宁（特约）
责任校对：申宁
责任印制：段文超
社　　址：北京市海淀区芙蓉里南街 6 号院 1 号楼
邮　　编：100080
网　　址：www.dscbs.com
经　　销：新华书店
印　　刷：北京盛通印刷股份有限公司
开　　本：185mm × 260mm　1/16
字　　数：120 千字
印　　张：12
印　　数：1—3500 册
版　　次：2022 年 8 月第 1 版
印　　次：2022 年 8 月第 1 次印刷

ISBN 978-7-5098-6070-0
定　　价：32.00 元

编写说明

在京津冀协同发展战略提出8周年之际，中共北京市委党史研究室、北京市地方志编纂委员会办公室续编了《北京市推进京津冀协同发展战略大事记（2018.3—2022.2）》（以下简称《大事记》），以发挥存史资政育人作用。

《大事记》采取编年体体例，以时间为序进行编排，逐年逐月按日记事。记载上限为2018年3月，下限至2022年2月。重点反映这期间北京市深入贯彻落实习近平总书记关于京津冀协同发展的重要讲话精神和党中央有关京津冀协同发展的重大决策部署，推动京津冀协同发展的重要举措和取得的主要成就。

《大事记》主要收录党中央、国务院、京津冀协同发展领导小组推动京津冀协同发展战略的重大决策部署；国家发改委等部门的重大工作部署；中央领导同志围绕京津冀协同发展主题，在北京开展视察和调研活动的情况；北京市委关于贯彻落实京津冀协同发展战略、《京津冀协同发展规划纲要》的决策部署、重要举措和节点性大事要事。全面展示北京市贯彻落实京津冀协同发战略，坚定不移疏解非首都功能，因地制宜推动综合治理和整体提升，全力推进城市副中心高质量建设发展，大力支持雄安新区建设，积极推动协同发展重点领域率先突破，加快构建现代化首都都市圈，全力筹办冬奥会和冬残奥会等方面取得的历史性成就。

《大事记》资料主要来源于《人民日报》《北京日报》、“首都之窗”网站等，相关数据取自权威统计资料。

由于掌握资料有限，《大事记》尚存许多不完善之处。书中错漏之处，我们将在以后修订补充工作中加以完善。

编　者

2022 年 4 月

目　录

2018年

3月

3月1日 北京市援助雄安新区办学项目启动仪式在雄安新区容城小学举行，标志着北京市教育援助雄安首个项目启动实施。北京市朝阳区实验小学雄安校区、北京市第八十中学雄安校区、北京市六一幼儿院雄安院区、北京市海淀区中关村第三小学雄安校区正式挂牌成立。

3月2日 十二届市委全面深化改革领导小组召开第七次会议。会议研究《关于加强北京城市副中心政策集成创新的意见》，要求积极主动前瞻规划，借鉴雄安新区经验，加强政策集成创新，注重问题导向，发挥激励引导作用，有效带动通州全域发展。

3月4日 “爱满京城”——2018年首都学雷锋志愿服务主题推动日活动举行。会上，京津冀志愿服务联盟宣布成立，发布2018年志愿行动计划，这是三地首次联手开展志愿服务活动。

3月6日 北京热力集团、北京供销大数据集团与河北省承德市政府签署战略合作协议，共同建设承德市智慧供热云服务平台项目。

3月14日 北京市商务局、北京海关联合天津市口岸办、天津海关等部门，制定《关于进一步优化营商环境提升京津跨境贸易便利化若干措施的公告》，推出17项具体措施。

3月15日 中关村科技金融走进宝坻——共建京津冀科技金融协同创新共同体启动仪式在天津市宝坻区举行。天津京津中关村科技城发展有限公司分别与北京中关村科技担保、科技租赁、创投发展、创投基金签约并揭牌，双方共建京津冀科技金融协同创新共同体，携手合作打造"类中关村"生态环境。

3月18日 第六届北京罕见病学术大会暨2018京津冀罕见病学术大会在北京召开。北京医学会罕见病分会第二届委员会委员、学组委员及京、津、冀、鲁、苏、鄂、湘、浙、川、闽十省市关注罕见病的医护及研究人员、企业代表300余人参加会议。

3月23日 第三届"北京社工"宣传周暨2018年社会工作服务机构"牵手计划"启动。2017年至2020年，北京每年选派32家社会工作服务机构支援河北省和内蒙古自治区，帮助受援地孵化社会工作服务机构，培养专业人才，推动当地社会工作发展。

3月24日 市委书记蔡奇到延庆调研冬奥赛区建设情况，现场推进筹办工作。他指出，要坚持首善标准，全力以赴，高质高效落实延庆赛区筹办任务，打造冬奥筹办的延庆金名片。延庆区要立足生态涵养区定位，用好宝贵的冬奥会、世园会遗产，发展好冰雪和园艺产业，抓好长城国家公园体制试点，心无旁骛推动绿色发展，建设首都生态文明示范区。市委副书记、市长陈吉宁一同调研。

3月27日 蔡奇到北京赛区调研检查冬奥场馆建设情况，现场调度推进筹办工作，强调要加强冬奥宣传，在全社会营造关注、支持冬奥的浓厚氛围。抓住吉祥物、口号征集发布等重要节点，深入挖掘冬奥筹办生动事例、鲜活细节，讲好冬奥故事。冬奥组委要加强统筹协调，与市委市政府共同抓好督办落实。坚持北京、延庆、张家口三个赛区协同作战，做到无缝衔接。

本月 北京海关、天津海关制定《提升京津地区跨境贸易便利化水平专项行动工作方案》。京津两地将大力推进“一次申报分步处置”的通关模式，进一步优化跨境贸易通关流程，压缩进出口企业的通关成本。

4月

4月10日 即日起，铁路部门施行新的列车运行图。北京始发“复兴号”列车新增39对，达到108.5对。其中，京津城际新增31对。京津城际列车近八成为“复兴号”列车。

同日 北京平谷第二十届国际桃花音乐节启动。本届桃花音乐节以预热2020世界休闲大会为着力点，以京津冀旅游融合发展为平台，依托22万亩世界级景观的桃花资源，通过开展赏花、踏青、文娱等丰富多彩的休闲活动，持续打造“京东桃花源、世界休闲谷”知名品牌，促进平谷休闲旅游产业发展。

4月10日—12日 2018京津冀第十九届国际环保环卫与市政清洗设备设施展览会在北京全国农业展览馆举行，各种智能垃圾箱（桶）展示亮相，旨在推动国内外环保、环卫新产品、新技术的开发应用。

4月12日 天津市商务委、天津市市场监管委联合北京市、河北省相关部门共同组织制定京津冀冷链物流区域协同标准正式发布。于2018年6月1日起实施，致力于促进冷链物流规范化、标准化发展，推动京津冀物流一体化。

4月13日—14日 北京市党政代表团赴河北省，就扶贫协作工作进行沟通对接。14日，北京市与河北省签署全面深化京冀扶贫协作三年行动框架协议，进一步明确未来三年扶贫协作任务书。每年帮扶资金于当年北京市人代会批复后，一次性拨付至河北省财政厅，助力河北省受帮扶地区到2020年如期实现脱贫目标。

4月17日 蔡奇深入通州农村、园区、工地调研，就地在永乐店镇主持召开座谈会。他指出，通州区要彻底抛弃远郊区思维，置身城市副中心规划来定位，与城市副中心一体规划、统筹发展；要控制好人口和建设规模，科学划定城市开发边界和生态控制线，注重战略留白；规划管控要市区一体，特色小城镇、美丽乡村规划建设要成为副中心的补充；要加强通州与廊坊北三县①地区的规划协同。

① 北三县，指地处北京市与天津市交界处，隶属于河北省廊坊市的3个县级行政区，包括三河市、大厂回族自治县以及香河县。

4 月 18 日 北京城市副中心投资建设集团有限公司揭牌仪式举行。京投公司与国家开发银行、中国工商银行、中国农业银行签订战略合作协议，授信高达 4600 亿元，创造了银企战略合作的最高授信额。

4 月 21 日 市委常委会召开会议，传达学习党中央、国务院关于对《河北雄安新区规划纲要》的批复精神。会议指出，设立河北雄安新区，是以习近平同志为核心的党中央深入推进京津冀协同发展作出的一项重大决策部署。党中央、国务院的《批复》，对于高起点规划、高标准建设河北雄安新区，对于深入推动京津冀协同发展，对于构建以首都为核心的世界级城市群，都具有重大而深远的指导意义。会议强调，要学习借鉴河北雄安新区规划理念，扎实推进北京城市副中心建设，推动与河北雄安新区错位发展，努力实现两翼齐飞。

同日 2018 年京津冀区域（北京）人才交流洽谈会召开。三地共组织 200 余家企事业单位进行现场招聘，提供就业岗位近 7000 个。北京参会单位 160 多家，提供就业岗位 4200 余个，超过五成的岗位为专业技术类岗位。

4 月 24 日 京津冀三地人力社保部门和质监部门共同召开新闻发布会，发布人力资源服务京津冀区域协同地方标准，该标准于 2018 年 8 月 1 日起正式实施。

同日 首届京津冀（亦庄）科技成果转化论坛暨知识产权科技创新成果（项目）征集启动仪式举行。京津冀科技创新成果转移转化平台正式上线，重点立足于科技成果集聚、创新成果挖掘、转移转化服务对接、科技人才培养和信息咨询推广等，具有全方位资源整合、创新孵化、项目筛选储备、成果展示推介、产学研合作、IP 金融、咨询服务等多项功能。

4 月 26 日　2018 年京津冀水污染突发事件联防联控工作商讨会议召开。会议商讨 2018 年京津冀环境风险联合检查工作方案、京津冀水污染突发事件联合应急演练及《液氨制冷行业环境风险防控导则》联合发布有关事宜，详细规划《潮白河—潮白新河流域环境应急预案》环境安全风险调研工作，建立预案编制联络小组。

4 月 28 日　京津冀专业市场知识产权保护联盟揭牌仪式举行。北京、天津联盟企业的代表发言。成立该联盟旨在推动京津冀区域专业市场协同发展，增强区域知识产权保护意识，充分调动京津冀优质知识产权服务资源，解决专业市场创建发展过程中遇到的问题和困难，提升京津冀区域专业市场的整体建设水平，促进京津冀地区商品流通领域知识产权保护长效机制的建立。揭牌仪式后，京津冀知识产权保护联盟第一次会议暨“知识产权保护与发展”论坛举行。

本月　中共中央国务院批复《河北雄安新区规划纲要》。4 月 21 日，新华社全文播发《河北雄安新区规划纲要》。

本月　《京津冀地区保护植物图谱》出版。书中收录北京、河北和天津范围内分布的、入选国家级重点保护野生植物名录、地方级重点保护野生植物名录、濒危野生动植物种国际贸易公约附录、世界自然保护联盟红色名录、中国生物多样性红色名录、中国极小种群野生植物名录和国家重点保护农业野生植物名录的物种。填补了京津冀地区没有完整的重点保护野生植物档案这一空白。

5月

5月6日 首届京津冀协同推进民族团结教育成果展示活动在昌平区举行。京津冀协同推进民族教育工作战略合作框架协议正式签署，三地未来将通过学校联盟、结对帮扶、交流协作等形式，全面提升民族教育整体水平。

5月10日 京津冀人才一体化发展部际协调小组第三次会议在河北石家庄市召开。会议总结京津冀部际协调小组2017年工作开展情况，审议通过《关于北京市延庆区、河北省张家口市联合建设西北部生态涵养区人才管理改革试验区的实施意见》，研究部署2018年重点任务。市委常委、组织部部长魏小东出席会议并讲话。

5月13日 围绕泃河流域综合治理和区域联防联控联治情况，北京市人大常委会和天津市人大常委会到北京平谷和天津宝坻联合开展实施水污染防治法等情况专题调研，探索和创新京津两地人大协同开展监督工作新形式。

5月15日 京津冀博物馆协同创新发展合作协议签约仪式暨5·18国际博物馆日系列活动举行。此次系列活动有三项内容:《京津冀博物馆协同创新发展合作协议》在京签署;“为了民族的文化繁荣——文化名人与文化自信”展览启动仪式暨“8+”名人故居纪念馆、京津冀名人故居纪念馆联盟、京津冀高校博物馆联盟战略合作倡议书启动仪式；“新方法·新公众”博物馆文化资源融合利用学术研讨会暨博物馆社教和公共文化服务工作培训班。

5月16日 《畿辅通会——通州历史文化展》在首都博物馆开幕，169组件文物回望通州千年历史，讲述北京城市副中心的前世今生。53组件考古新发现集中亮相。

5月17日 北京市金融工作局与天津市金融工作局、河北省金融工作办公室在河北省石家庄市举行金融合作交流座谈会并签署《京津冀三地金融局（办）合作框架协议》。这标志着三地金融合作与市场一体化建设迈上新台阶。

5月18日 中国·廊坊经济贸易洽谈会召开，廊坊市大厂县与中国人民大学签约，中国人民大学文化科技园将在大厂建设分园。人大新校区建设项目列入北京市重点工程计划。整个项目纳入绿色审批通道，按照“一会三函”方式，加快推进各项建设前期手续办理。

同日 京津冀三地协同办首次联合举办共筑产业合作平台 打造创新发展高地——京津冀协同发展产业合作平台推介会，旨在为企业提供投资兴业、洽谈交流的平台，并力争促成一批合作项目。来自三地的21个产业园区、近百家企业参会。

5月22日 平昌冬奥会和冬残奥会实战培训成果总结汇报会在新首钢北京冬奥组委办公区举行。蔡奇强调，要充分运用这次实战培训成果，把平昌实习转化为北京实战，鼓足干劲，再接再厉，一刻也不能停、一步也不能错、一天也误不起，以首善标准抓好各项筹办工作。

5 月 25 日　凌晨 1 时 50 分至 3 时 20 分，历时 90 分钟，京秦高速公路河北省大安镇（津冀界）至平安城段跨京哈铁路分离式立交桥转体梁实现转体，成功跨越京哈铁路，京津冀间“断头路”建设取得突破。

5 月 28 日　中共中央政治局常委、国务院副总理韩正在北京市通州区调研北京城市副中心规划建设工作，主持召开座谈会，听取北京市和有关部门意见建议，研究部署下一步重点工作。强调建设北京城市副中心是以习近平同志为核心的党中央作出的重要决策，是疏解北京非首都功能、推动京津冀协同发展的重大战略举措，是千年大计、国家大事。要按照世界眼光、国际标准、中国特色、高点定位的要求，高起点、高标准、高水平规划建设管理北京城市副中心，着力打造国际一流的和谐宜居之都示范区、新型城镇化示范区和京津冀区域协同发展示范区，促进北京优化提升首都功能、有序疏解非首都功能。蔡奇参加活动。

5 月 29 日　由北京冬奥组委会同国家体育总局、中国残联、北京市政府、河北省政府联合印发的《北京 2022 年冬奥会和冬残奥会人才行动计划》发布。提出加快建设专业化、国际化人才队伍的总体目标，明确开发培养 11 支人才队伍的路线图和时间表。

本月　市发改委批复北京市京津风沙源治理二期工程 2018 年项目。京津风沙源治理工程规划期限为 2013 年至 2022 年，规划范围涉及京、津、冀、晋、蒙、陕等六省（区、市），本市涉及门头沟、房山、大兴、昌平、平谷、怀柔、密云、延庆八个区。

本月 北京城市副中心建设者话剧体验公益行动主题话剧《乌托咖啡馆》走进通州，8000多名北京城市副中心工地一线工人观看演出。

本月 京津冀及周边地区大气污染治理工作交流培训会在京召开。京津冀晋蒙鲁豫七省（区、市）的环保部门代表围绕城市环境的精细化管理、柴油车污染治理、煤改清洁能源等环保措施进行交流。"京津冀及周边地区深化大气污染控制中长期规划研究项目"研究成果正式发布。该研究首次建立京津冀及周边地区七省（区、市）大气污染物排放清单。

本月 根据北京市对环京津协同扶贫工作的统一安排，顺义区与张家口市沽源县开展扶贫对接活动。两地共同研究确定涉及生态环保帮扶、教育帮扶、现代农业帮扶、文化旅游帮扶等领域15个帮扶项目。将分3批帮助沽源县完成25个深度贫困村的脱贫工作。

本月 由北京、天津、河北三地文史研究馆联合主办的北京重大历史题材美术作品巡展在河北石家庄市举行。这是三地加强历史文化交流，繁荣京津冀文化的一项重要战略举措。

本月 "百企对百村"北京精准扶贫雄安行动启动。12家会员企业在启动仪式上首批认领雄县的12个乡镇作为扶贫支持对象。北京支持雄安产业发展促进会百家会员单位与雄安百村代表签订协议书，百企对百村进行精准扶贫，不让一人一户掉队。

6月

6月1日 中共中央政治局常委、国务院副总理、京津冀协同发展领导小组组长韩正在北京主持召开京津冀协同发展领导小组会议。会议认为，推动京津冀协同发展的核心任务、关键环节和重中之重，是有序疏解北京非首都功能。必须紧紧抓住这个“牛鼻子”，努力实现五个新突破：要坚持“一盘棋”思想，认真落实控增量、疏存量相关政策意见，健全增强功能疏解内生动力的体制机制，推动北京非首都功能疏解取得新突破。要围绕打造北京非首都功能疏解集中承载地，深化细化规划，加大政策支持，做实做强新区管委会，推动河北雄安新区规划建设取得新突破。要高质量推进工程建设，平稳有序推进北京市行政机构、事业单位向城市副中心搬迁，完善市政、交通等基础设施和教育、医疗等公共服务配套，推动北京城市副中心规划建设取得新突破。要强化区域污染联控联治和生态环境共建，推动以打赢蓝天保卫战为重点的生态环境保护取得新突破。要扎实推进重大项目建设，推动以交通一体化为重点的基础设施建设取得新突破。蔡奇参加会议。

同日 《高速公路服务区服务规范》《高速公路收费站服务规范》《京津冀高速公路智能管理与服务系统技术规范》正式在三地实施。三项标准充分结合北京、天津、河北高速公路的实际情况，对三地高速公路服务区、收费站的服务规范进行统一，并对高速公路智能管理与服务系统的融合提出技术标准。

6月4日—5日 国际奥委会平昌冬奥会和冬残奥会总结会在北京冬奥组委首钢办公区召开。蔡奇开幕式上致辞。会议围绕提升北京冬奥组委的办赛能力，以平昌冬奥组委向北京冬奥组委进行全面知识转移为主线，以宣导实施国际奥委会新规范改革措施为重点，召开一系列战略学习会议和运行学习会议，深化专业化、国际化人才培养工作，促进北京冬奥组委与相关国际组织、相关国家和地区奥委会、往届奥组委以及未来奥组委的交流合作。市委副书记、市长、北京冬奥组委执行主席陈吉宁出席。

6月8日 首都规划建设委员会召开第36次全体会议，研究北京城市副中心控制性详细规划（上报稿）。市委书记、首都规划建设委员会主任蔡奇讲话强调，要按照北京城市总规明确的战略定位，把城市副中心建设成为国际一流的和谐宜居之都示范区、新型城镇化示范区、京津冀区域协同发展示范区，实现与雄安新区比翼齐飞。市委副书记、市长，首都规划建设委员会副主任陈吉宁出席。

6月9日—13日 市文化局牵头，联合大运河沿线八省市文化厅（局）共同主办大运河文化带非遗大展暨第四届京津冀非遗联展。八省市首次联合推出《大运河文化带部分非物质文化遗产代表性项目名单》，共计161项。这是国内首次举办的、规模最大的大运河文化带非遗主题展览。

6月11日 市委、市政府围绕“把城市副中心打造成北京重要一翼”召开征求意见座谈会。专家学者就合理规划空间布局、打造世界级城市群、统筹产业发展、完善城市功能体系、交通系统建设、文化遗产保护与绿色发展等方面提出意见建议。蔡奇讲话指出，要突出两翼齐飞，突出以人为本，突出古今同辉，突出协同发展，把高质量发展贯穿到各方面，创造“副中心质量”。

6 月 12 日　河北省党政代表团来北京考察。蔡奇、陈吉宁，市人大常委会主任李伟与河北省有关领导座谈。双方共同签署《进一步加强京冀协同发展合作框架协议（2018—2020 年）》。其间，代表团参观了北京城市副中心规划展厅、行政办公区建设现场、北京新机场航站楼建设现场。

6 月 13 日　北京市推进京津冀协同发展领导小组会议召开。会议传达国家京津冀协同发展领导小组第 10 次会议精神；听取北京市推进京津冀协同发展领导小组及专项小组成员有关情况、北京市推进京津冀协同发展工作情况及下一步工作考虑的汇报；审议《北京市推进京津冀协同发展 2018—2020 年行动计划及 2018 年工作要点》和《北京市新增产业的禁止和限制目录（2015 年版）》修订情况。蔡奇强调，要进一步深化认识、提高站位，切实增强推动京津冀协同发展的自觉和担当。

6 月 19 日　蔡奇到通州区就“把城市副中心打造成北京重要一翼”调研，强调城市副中心作为北京重要一翼，要强身健体，高水平规划建设好，承接中心城区功能和人口疏解，同时又要辐射带动周边地区，包括廊坊北三县协同发展。

6 月 21 日　蔡奇到大兴区专程检查调研北京新机场和临空经济区建设工作，并召开座谈会，强调北京新机场的战略定位是国际交往中心功能承载区、国家航空科技创新引领区、京津冀协同发展示范区。要追求高质量，坚持高标准，坚持安全第一，全力保障北京新机场如期通航，高水平规划建设临空经济区，打造北京发展的新引擎、京津冀协同发展的新高地。陈吉宁一同调研。

同日 市委常委会召开会议，研究北京市推进京津冀协同发展2018—2020年行动计划及2018年工作要点等事项。会议强调，京津冀协同发展是重大国家战略，要紧紧抓住疏解非首都功能这个“牛鼻子”，深入推进疏解整治促提升专项行动，组织实施一批标志性、有影响的重点疏解项目，形成示范带动效应；发挥北京“一核”作用，强化“两翼”联动，全力支持河北雄安新区建设，高水平建设北京城市副中心，拓展首都发展新空间。

6月25日 交通运输部召开新闻发布会，公布《交通运输服务决胜全面建成小康社会开启全面建设社会主义现代化国家新征程三年行动计划（2018—2020年）》。规划提出加快推进京津冀交通一体化进程，形成“1小时通勤圈”和“1小时交通圈”；加强对雄安新区和冬奥会的保障，高起点规划、高标准建设雄安新区交通基础设施，加快推进2022年冬奥会配套交通项目建设等目标任务。

6月30日 首都地区环线高速公路最后一段——通州至大兴段具备通车条件，俗称“北京大七环”的首都地区环线高速公路正式闭合成“环”。首都地区环线高速G95，途经河北省张家口、涿州、廊坊、承德，以及北京市大兴区、通州区和平谷区等地，线路全长940公里。“北京大七环”在京津冀多个重要城市间形成快速连接通道，与多条高速公路放射线形成网络。

本月 京津冀纪检监察机关协同推进监督工作第一次联席会议在京召开。会议指出，要认真履行监督第一职责，牢牢把握协同监督工作的重点，加强信息交流，加强工作对接，加强监督合作，开放工作平台，在共同推进雄安新区建设上协同监督，在打造城市群骨架上协同监督，在重点领域协同监督，在精准扶贫上协同监督，在北京冬奥会冬残奥会筹办上协同监督，实现协同发力。

7月

7月4日 北京冬奥组委召开主席办公会，研究冬奥会、冬残奥会筹办工作进展及下一步推进落实等事项。蔡奇主持。会议要求，要积极运用现代科技特别是信息化、大数据等技术，提高赛会运行保障和服务效率。进一步完善科技冬奥统筹协调工作机制，加强与国家部委、科研单位、企业对接，推动人工智能等技术在冬奥筹办各领域的应用，利用冬奥会平台展示我国科技创新成果，让更多人感受“智慧冬奥”。

7月6日 北京市工商局、天津市市场监管委和河北省工商局共同签署《京津冀地区合同监管合作协议》。签署协议后，三地建立合同示范文本联合发布机制，由三地工商、市场监管部门进行联合发布，并根据实际需要，共同制定发布新的合同示范文本。

7月13日 第五次京津冀人大立法工作协同座谈会

在北京召开。与会人员就三地人大立法规划和年度立法计划编制情况、《京津冀人大立法项目协同实施细则（讨论稿）》及环保条例、机动车污染防治条例立法协同工作初步方案进行沟通交流。7 月 19 日，市十五届人大常委会第十二次主任会议研究并通过《京津冀人大立法项目协同实施细则（草案）》。

同日 《京津冀蓝皮书：京津冀发展报告（2018）》发布。报告以研究“京津冀协同发展的新机制与新模式”为主题，对京津冀协同发展重点领域的机制与模式进行系统梳理，建议从协同机制和协同模式两条路径，提升京津冀城市群实力，推进空间优化与区域协调发展。

7 月 17 日 京津冀三地人力社保部门在雄安新区举行《京津冀工伤保险工作合作框架协议》签字仪式。明确符合以下三种情形之一的参保人员，受到事故伤害的，可适用于此协议，即：所在机构单位在疏解北京非首都功能过程中，搬迁至天津市、河北省境内，其单位注册地、工伤保险参保地仍在北京市的；所在机构单位为京津冀的机构单位到注册地、参保地以外的另外两地所设立办事机构、分厂、生产经营地的；所在机构单位为京津冀的机构单位，本人因工程建设项目，到另外两地承担工程施工任务的。为确保协议落实，三地建立联席会议制度，围绕工伤认定、劳动能力鉴定、待遇经办等合作项目，逐步推进工伤保险政策、标准的统一。

7 月 19 日 京津冀三地人力社保厅（局）召开电视电话会议，部署贯彻实施“人力资源服务京津冀区域协同地方标准”相关工作。

7月21日 蔡奇到延庆区调研冬奥会世园会筹办工作，强调冬奥会延庆赛区已进入全面建设阶段，世园会筹办也进入决胜收官的冲刺阶段。要进一步提高政治站位，切实增强责任感和紧迫感，按照“一刻也不能停、一步也不能错、一天也误不起”的要求，全力以赴把各项筹办工作抓紧抓好。陈吉宁一同调研。

7月23日—24日 中国共产党北京市第十二届委员会第五次全体会议召开。蔡奇代表市委常委会作工作报告并讲话。陈吉宁就《北京城市副中心控制性详细规划（送审稿）》作说明。全会强调，规划建设北京城市副中心，是以习近平同志为核心的党中央作出的重大战略部署，要始终坚持以习近平总书记对北京重要讲话精神为根本遵循，全力以赴把城市副中心规划好、建设好。

7月25日 中共中央政治局常委、国务院副总理、第二十四届冬奥会工作领导小组组长韩正在北京冬奥组委调研并主持召开第二十四届冬奥会工作领导小组全体会议，强调要紧紧围绕精彩、非凡、卓越的办赛目标，全面落实“绿色办奥、共享办奥、开放办奥、廉洁办奥”理念，高质量、高效率完成好各项筹办任务。蔡奇出席并讲话。第二十四届冬奥会工作领导小组成员和中央有关部门负责同志参加会议。

7月26日 以“共建　共融　共享”为主题的2018京津冀协同发展论坛在北京开幕。来自京津冀三省市50多个部门及市区县负责人、企业代表，以及专家学者、媒体记者共300余人出席论坛。

7月27日 全国政协在北京召开习近平总书记关于加强和改进人民政协工作的重要思想京津冀蒙片区座谈会，以理论大学习、思想大武装推动政协工作质量大提升。会前，蔡奇与参会的全国政协副主席和津冀蒙三省区市政协主席座谈，表示北京市将按照全国政协要求，进一步深入开展学习研讨，切实把习近平总书记关于加强和改进人民政协工作的重要思想贯彻落实到全市政协工作的全过程和各方面，推动首都政协工作高质量发展。

本月 市发展改革委出台推进京津冀协同发展2018—2020年行动计划及2018年工作要点，从疏解、承接、生态、交通、产业、创新、公共服务等多方面践行京津冀协同发展的重大战略，努力打造出区域协同发展改革的引领区。

8月

8月1日 人力资源服务京津冀区域协同地方标准正式实施。该标准由京津冀三地在各自行政区域内推动实施，适用范围分别为行政区域内的公共人力资源服务机构，以及取得人力资源服务许可的经营性人力资源服务机构。京津冀三地间人力资源服务机构实现评定等级互认，互相支持开展等级评定工作。

同日 京津城际列车迎来通车十周年。十年来，累计运送旅客2.5亿人次。即日起，全线“升级”，所有列车全部更换为“复兴号”中国标准动车组列车。8月8日，“复兴号”在京津城际铁路恢复时速350公里运行。

8月2日 京津冀协同发展统计监测协调领导小组办公室（设在北京市统计局）发布京津冀区域发展指数。数据显示，2017年京津冀区域发展指数为153.99，与2010年相比，平均每年提高7.71个点。特别是2014年以来，指数出现较大幅度提高，明显快于2010年至2013年期间水平，表明协同发展战略对区域发展发挥了明显带动作用。

8月4日 京津冀协同发展卫生技术培训标准化建设与认证示范区启动会议在北京召开。京津冀协同发展卫生技术培训标准化建设与认证示范区的组织机构和各专项委员会专家名单公布，京津冀卫生健康服务标准化建设与认证委员会成立。

8月7日—8日 第六次京津冀人大立法工作协同座谈会在河北召开。会议总结五年来京津冀协同立法工作情况，就《机动车和非道路移动机械排气污染防治条例》有关问题达成共识。

8月8日 2018年全国“全民健身日”主会场活动·北京2022年冬奥会和冬残奥会吉祥物全球征集启动暨北京奥运城市体育文化节开幕式，在北京奥林匹克公园庆典广场举行。蔡奇宣布会场活动开始，北京2022年冬奥会和冬残奥会吉祥物全球征集启动。2022名机关干部、企业职工、社区居民现场表演第九套广播体操。蔡奇、陈吉宁等步行观看旱地冰球、旱地冰壶、冰蹴球和滑雪机等冰雪体验项目展示。

8月10日　蔡奇到城市副中心调研，落实市委十二届五次全会精神，研究通州老城区提升问题。他强调，既要建设好新城区，也要提升好老城区，通过生态修复和城市修补，促进新老城区空间、功能深度融合，以新促老、新老融合，让人民群众更有获得感、归属感。陈吉宁一同调研。

8月17日　首趟北京至承德塞罕坝方向的"京津冀"旅游班列从北京站始发。班列全程运行四天时间，旅客可深入游览塞罕坝太阳湖、七星湖、泰丰湖等景区，参与篝火晚会，体验天高气爽、河湖纵横、水草丰美的塞罕坝美景。

8月18日—23日　北京市第十届民族传统体育运动会举行。京津冀三地首次互派代表团参赛参会，北京市16个区及天津市、河北省组团参加，共有来自22个民族的4000余名运动员参赛。运动会共设珍珠球、冰蹴球、民族健身操、柔力球等12个竞赛项目以及太极拳、健身秧歌等6个表演项目，比赛形式充满趣味，其中首次将冬季民族传统体育项目冰蹴、冰嬉和雪垒等列入运动会项目。

8月19日—30日　由北京市体育局、共青团北京市委员会共同主办的2018年京津冀藏青少年体育后备人才集训营暨嘉年华活动在京举办。活动旨在将经过北京市运动会发现选拔的优秀竞技体育后备人才，对京津冀青少年体育交流合作具有重要的推动和示范作用。

8月22日　京津冀科学技术协会科技成果转化平

台——第四届项目发布和推介会在北京召开。活动致力于充分发挥北京市科学技术协会、天津市科学技术协会、河北省科学技术协会三地科协科技成果转化平台作用，提升京津冀地区创业创新活力，促进高新科技向生产力转化。本次发布和推介的重大产业集成、转型升级促进和成果转移对接三大类科技成果，均为中关村天合精心筛选的科技含量极高、转化后产业前景广阔的优秀科技成果。

同日 2018京津冀产业转移系列对接活动启动仪式在河北雄安新区举行。雄安新区设立一年多来，北京市加快落实《北京市人民政府、河北省人民政府关于共同推进河北雄安新区规划建设战略合作协议》，加强协调对接，启动北京支持雄安新区产业发展路径机制研究相关工作，深入研究北京市高精尖产业与雄安新区高端高新产业之间如何错位协同发展，取得初步成果。

8月24日 京津冀知识产权协同发展高层论坛在北京经济技术开发区京津冀全球路演中心举办。本次论坛以“大数据和知识产权的深度融合”为主题，聚焦大数据和知识产权的相互促进发展、融合。京津冀三地知识产权信息中心负责人共同签署《京津冀知识产权信息公共服务合作计划》，三地重点在专利信息和知识产权大数据公共服务及研究方面以互助、互动、互补、服务为准则开展广泛协调合作，为知识产权信息共享和利用提供有力保障。

同日 第二十一届京台科技论坛之京津冀协同发展专题论坛暨项目交流洽谈会在京召开，北京市投资促进局、河北省商务厅、天津市滨海新区投资促进局向岛内工商界介绍京津冀营商环境。

8月27日 市旅游委主办的纪念改革开放40周年京津冀红色旅游征文摄影大赛启动。旨在纪念改革开放40周年、推动京津冀红色旅游融合发展。

8月27日—31日 京津冀三地党委组织部在京联合举办第四期京津冀高层次人才国情研修班，来自三地的50名现代农业、医疗卫生、电子信息、知识产权保护等领域高层次人才参加研修，聚焦弘扬爱国奋斗精神，在京津冀协同发展中建功立业的主题，进行专题讲座、现场教学、分组讨论和学员论坛等环节。部分学员代表分别介绍本领域的前沿研究成果，促进跨领域的交流合作。

8月28日 京津冀三地旅游部门共同签署《京津冀地区旅游信用协同监管合作备忘录》，在平台对接、信息共享、联合惩戒等方面实现共同发展，推动京津冀统一的诚信体系建立和信用奖惩联动机制落实。

8月29日 北京市自然科学基金委员会办公室、河北省自然科学基金委员会办公室和天津市科委联合召开2018年度京津冀基础研究合作工作会议暨第二次管理小组会议。会议签署《关于共同推进京津冀基础研究的合作协议（2018—2020年）》，启动新一轮京津冀基础研究合作。

本月 京津冀三地两大高速“断头路”——京秦高速北京段、首都“大外环”正式通车。至此，京津冀三地的高速“断头路”全部打通。

9月

9月5日 北京冬奥组委启动2018年面向社会招聘工作，广泛吸纳优秀人才参与北京冬奥会筹办工作。此次共招聘55个岗位、55名人员，涉及媒体运行、规划建设、市场开发、体育、技术、法律、交通、医疗、采购、物流、餐饮、住宿等业务领域。

9月13日 京津冀三地同步进行的突发水环境事件联合应急研究性演练在北京密云区举办，加强突发环境事件协同处置能力，减少跨区域突发环境事件发生。

9月14日 民航局9月新闻发布会通报，依据《地名管理条例》和《民用机场使用许可规定》等规定，并报经党中央、国务院审批同意，北京新机场名称确定为“北京大兴国际机场”。

9月21日 生态环境部等12部门联合北京市、天津市、河北省、山西省、山东省、河南省人民政府正式印发《京津冀及周边地区2018—2019年秋冬季大气污染综合治理攻坚行动方案》，要求对钢铁、焦化、铸造行业实施部分错峰生产，建材行业实施全面错峰生产。重点城市采暖季钢铁产能限产50%；其他城市限产比例不得低于30%，由省级政府统筹制订实施方案；对“散乱污”企业集群实行整体整治。企业未达到治理标准要求的，电力公司不予供电，违规供电的予以公开问责。

同日 全国人大北京团代表围绕深入学习贯彻习近平新时代中国特色社会主义思想，实施京津冀协同发展战略，加快产业转型升级，聚焦疏解整治促提升专项行动开展情况到东城区和西城区进行专题调研。

9月25日 蔡奇到北京大兴国际机场检查调研建设情况，强调要深入贯彻落实习近平总书记关于新机场建设的一系列重要指示精神，坚决把北京大兴国际机场建设作为“一号工程”来抓，严把质量安全关，努力打造精品工程、样板工程、平安工程、廉洁工程，确保如期通航。陈吉宁一同调研。

9月29日 《京津冀审计协同发展合作框架协议（2018—2020年）》签约仪式在北京举行。协议主要包含：保障重大政策措施落地实施；保障雄安新区建设工作有序对接；保障北京2022年冬奥会、冬残奥会筹办工作进展顺利；保障政府重大投资项目扎实推进；保障资源环境治理切实加强；保障对口帮扶支援取得成效六项内容。

同日 北京市、天津市、河北省三地检察机关服务保障京津冀协同发展工作交流会在天津市召开。三地检察机关代表就搭建检务交流平台、深化司法协作、跨区域环境保护等问题进行研讨，并在《合作框架意见》基础上会签《合作框架补充意见》。

同日 市教委、北京教科院以“人人获得良好的数学教育——中小学数学课堂学习变革”为主题，召开北京市中小学数学教育大会暨京津冀基础教育课改联盟工作会，邀请京津冀三地教育行政、教研、考试、电化教育等部门有关负责同志共同研讨交流，约600人参加会议。

9月30日 京津冀三地森林火灾应急处置演练在北京

平谷夏各庄镇举行。三地森林防火部门一起，通过模拟处置跨越京津冀三地的森林火灾，提高三地协作处置森林火灾的能力。

本月 北京市卫生计生委、河北省卫生计生委和雄安新区管委会联合签署关于支持雄安新区医疗卫生事业发展合作框架协议。根据协议，北京市卫生计生委支持雄安新区医疗卫生建设主要内容包括：采取“交钥匙”方式支持雄安新区建设一所高水平综合医院，由首都医科大学宣武医院托管办医；对口帮扶容城县人民医院、县中医院、县妇幼保健院、县疾控中心和县卫生计生监督所五家县直医疗卫生机构。

10月

10月5日—6日 2018年京津冀游泳公开赛暨第五届北京市全民游泳大赛在国家游泳中心（水立方）举行。比赛设50、100米自由泳，50、100米仰泳，50、100米蛙泳，50、100米蝶泳，少儿200米混合泳、100米冠军挑战赛等表演项目。参赛人数1355人，参赛队伍70多支。

10月15日 北京市党政代表团赴天津市学习考察。蔡奇、陈吉宁与天津市领导座谈。双方签署《进一步加强京津战略合作框架协议（2018—2020年）》。蔡奇表示，北京市要深入贯彻以习近平同志为核心的党中央关于京津冀协同发展的重大战略决策部署，纵深推进京津合作。

同日 北京市党政代表团赴河北省雄安新区学习考察，进一步对接支持雄安新区建设。蔡奇、陈吉宁与河北省有关负责人座谈。蔡奇指出，北京市要深入贯彻以习近平同志为核心的党中央关于建设河北雄安新区、推进京津冀协同发展的重大战略决策部署，以首善标准带头落实好京津冀协同发展各项任务，全方位拓展京冀合作的广度和深度。

10 月 11 日　北京技术市场系列沙龙——技术市场京津冀政策宣讲会在北京召开。北京地区的相关企事业单位、高校院所、技术转移机构、北京技术市场协会会员单位 70 余位代表参会。

10 月 11 日—12 日　2018 年全国双创周北京会场系列活动之一区域协同创新发展论坛举办。论坛以“资源汇聚 · 协同创新 · 战略支撑 · 示范应用”为主题，旨在进一步探索区域协同创新科技服务模式，促进科技资源与区域合作需求有效对接，推动包括京津冀地区在内的跨区域科技资源共建共享和优化配置，提升区域协同创新能力。京津冀三地首次对外公开发布京津冀科技资源创新服务平台。

10 月 15 日　北京市与天津市签署进一步加强京津战略合作框架协议。根据协议制定的十大重点领域 23 条合作事项，两市将推动创新资源、空间资源、政策资源互补共享，推进多领域深层次务实合作。

10 月 17 日　市旅游委举办北京红色旅游摄影展，并发布九条“京津冀红色游”主题线路，包括红色经典文化之旅、西柏坡赶考之旅、缅怀先烈追思之旅、红色印记探寻之旅、抗战烽火长城之旅、红色圣地爱国之旅、寻迹名人致敬之旅、革命老区红村之旅和红色情怀信仰之旅，把京津冀几十个红色旅游景区串联在一起。

10 月 20 日 北京市中医管理局与河北省衡水市人民政府正式签订《京衡中医药协同发展框架协议》。双方共同推出三类项目：以京衡中医医疗服务一体化建设为核心的十项发布项目；以深化衡水中医药结构建设为核心的十项推进项目；以增强衡水中医药文化建设为核心的十项培育项目。

同日 2018 年京津冀田径挑战赛暨北京田径邀请赛开赛。本次比赛共有来自北京市、天津市、河北省、山东省、山西省和内蒙古自治区的 356 名运动员报名参赛，为田径选手们搭建更加广阔的交流展示平台，促进田径运动的普及与推广。

10 月 23 日 市政府印发《北京市新增产业的禁止和限制目录》（2018 年版）。禁限目录于 2014 年制定实施、2015 年进行修订，2018 年版相较于 2015 年版共作 73 处修改。北京市严格实施禁限目录，全年累计不予办理工商登记 2.16 万件。

10 月 24 日 2018 年京津冀中小博物馆协同创新发展座谈会召开。京津冀 24 家博物馆和 3 家文化单位的代表为博物馆的合作与发展建言献策。

10 月 25 日 长城教育联盟成立，来自北京、天津、河北等地区的 14 所长城沿线学校加盟。将从教育教学管理、学科教师交流、特色课程实施，以及学生社会实践等四方面开展工作，组织学生参加长城沿线研学活动，为京津冀三地学生交流搭建平台。

10月25日—28日 第十三届中国北京国际文化创意产业博览会举办，共开设20个主题展区、11场推介交易活动、10场专题论坛、7场创意活动以及50多个分会场的活动。京津冀文化协同发展展区为京津冀文创企业提供宣传推介服务，促进京津冀三地企业间的交流与合作；同时搭建京津冀文化舞台，推介京津冀三地涵盖杂技、大鼓、琴书、相声等内容的优秀演艺项目。

10月27日 蔡奇先后来到京张高铁清河站工地和国家速滑馆，现场检查冬奥重点工程建设，强调筹办2022年北京冬奥会冬残奥会是全市的一件大事，场馆和基础设施建设是重中之重，要严格按计划推进工程建设，要始终绷紧工程质量、安全生产这根弦，切实做到零事故、零隐患、零差错。陈吉宁一同检查。

11月

11月1日 市委常委会召开扩大会议，传达学习贯彻习近平总书记主持中央政治局常委会会议审议《北京城市副中心控制性详细规划（2016年—2035年）》时的重要讲话精神。会议强调，要充分认识城市副中心作为北京新的一翼的重要战略意义，高质量规划建设管理好北京城市副中心，承接好主城区非首都功能，使之成为新时代城市建设发展的典范，成为首都的一个新地标，成为留给后人的一笔宝贵财富。规划上要落实“世界眼光、国际标准、中国特色、高点定位”的要求；建设上要着力打造绿色城市、森林城市、海绵城市、智慧城市、人文城市、宜居城市；管理上要尽快形成与城市副中心功能相匹配的城市管理能力；发展上要率先在推动高质量发展的指标、政策、考核体系等方面取得新突破。

同日 陈吉宁到北京经济技术开发区走访调研区域发展、产业升级等情况，强调要牢牢对接科技创新，发挥开发区在全市产业链上的功能作用，做好创新源头的产业落地和市场转化，辐射带动津冀地区产业发展。

11月2日 北京冬奥组委首批认定北京大学、清华大学等十所高校和延庆区体育局为培训基地。旨在充分发挥高校等培训基地的优势，深化奥运会知识管理、教育培训等工作，加大专业人才开发和培养力度，在满足冬奥会办赛需要的同时，促进高等教育事业发展。

11月16日 北京2022年冬奥会和冬残奥会可持续性咨询和建议委员会成立大会暨第一次全体会议在北京冬奥组委首钢办公区召开。委员会的顾问和委员都是国内相关领域权威专家，代表性强、涉及面广、影响力大，具有丰富工作经验，在各自领域有突出的学术研究成果。

11月17日 由天津市发展改革委、北京市经济和信息化局、河北省发展改革委共同主办的京津冀全国守信联合激励试点工作座谈会在天津市信息中心召开。会议讨论并原则通过《京津冀全国守信联合激励试点工作行动方案（2019—2020年）》。京津冀三地将建立试点工作机制，推进重点领域跨区域守信联合激励，以优化区域营商环境为核心，联手打造“信用京津冀”品牌，为其他区域守信联合激励提供借鉴。

11月18日 第五届北京市民快乐冰雪季系列活动启动仪式在启迪冰雪体育中心举行。中国首枚花样滑冰冬奥会奖牌获得者发出“加强学习，培养冰雪运动兴趣；积极参与，养成冰雪运动习惯；广泛传播，弘扬冰雪运动文化”的倡议。本届冰雪季系列活动以“全民健身迎冬奥、快乐冰雪圆梦想”为主题展开，持续6个月，包括14项国际和国家级赛事、9项省际间比赛、46项市级和120项区级比赛活动。

11月20日 韩正就北京大兴国际机场建设情况进行调研，强调北京大兴国际机场是习近平总书记亲自关怀、亲自推动的重大标志性工程，要按照打造精品工程、样板工程、平安工程、廉洁工程的要求，精心组织施工，做好运营筹备，确保如期竣工投运，更好服务国家战略、展示国家形象。大兴机场要在服务国家战略中发挥重要作用，主动融入京津冀协同发展，科学规划、加快建设轨道交通，实现与首都机场的快速连接，便捷高效对接雄安新区和北京城市副中心。要积极谋划临空经济区和综合保税区建设，充分发挥辐射带动作用。

11月22日 天津市党政代表团到北京考察。蔡奇、陈吉宁、李伟、市政协主席吉林与天津市领导座谈。蔡奇指出，北京要主动加强与天津的沟通，认真落实好新一轮合作框架协议，共同推动京津冀协同发展。要学习借鉴滨海新区经验，切实把新发展理念和高质量发展要求贯穿于北京城市副中心规划建设管理的各方面。要把创新发展作为深化合作的重点，发挥中关村企业作用，抓好滨海—中关村科技园等一批创新平台建设，实现两地优势互补、良性互动。

11月23日 京津冀三地首次签署《关于共同推进京津冀协同创新共同体建设合作协议（2018—2020年）》，为下一步推动京津冀协同创新做好顶层谋划工作。

11月24日 蔡奇到通州区调研，谋划城市副中心新一年工作。他强调，要认真贯彻习近平总书记对城市副中心规划建设的一系列重要讲话指示精神，对标对表抓好副中心控规实施，把高质量发展要求贯穿于副中心规划建设管理的各方面全过程，更好地加强对主城区首都功能的服务保障，全面体现京津冀协同发展，坚持以人民为中心，瞄准未来没有"城市病"城区的目标，推动政府有形之手、市场无形之手、市民勤劳之手共同发力，努力把城市副中心建设成为新时代城市建设发展的典范、首都的新地标。陈吉宁一同调研。

11月29日 由北京文化艺术活动中心、天津市群众艺术馆、河北省群众艺术馆主办的"融合　创新　共享——京津冀公共文化服务协同发展论坛"举行。来自三地的专家学者为京津冀公共文化服务协同发展提出意见建议。

本月 北京、河北两省共同签署《密云水库上游潮白河流域水源涵养区横向生态保护补偿协议》，协议实施年限为2018年至2020年。按照补偿协议，北京市对密云水库上游潮白河流域河北省承德市、张家口市相关县（区）进行生态保护补偿，对污染治理工作成效进行奖励。

12 月

12 月 1 日　京雄城际铁路雄安站开工建设。

12 月 2 日　大兴国际机场高速公路重要节点工程“三线四桥”[①] 同步转体工程顺利完成。机场配套交通咽喉要道的打通，标志着大兴国际机场高速公路全线主体基本建成，轨道交通新机场线地上段基本贯通。

12 月 7 日　北京燃气集团与唐山市天然气公司签署协议，以增资扩股形式注资 8 亿元，持有唐山市天然气公司 60% 股权，从根本上解决唐山市天然气公司的资金困局，发挥北京气源优势为唐山市提供调峰保供支持。

12 月 13 日　京张高铁八达岭隧道顺利贯通。这是京张高铁正线 10 座隧道中最后一座贯通、里程最长且施工难度最大的隧道。

12 月 17 日　北京冬奥组委召开第二次执行委员会会议，深入学习贯彻习近平总书记关于冬奥筹办系列重要指示精神，研究冬奥会、冬残奥会示范场馆建设等事项，部署下一阶段重点工作。蔡奇主持。会议强调，要进一步完善各类通用指导性文件，切实抓好场馆的运行管理，人性化、个性化做好冬残奥会各项设施建设，抓紧研究制订场馆化总体计划，适时组建专门团队，启动其他场馆运行计划编制工作。会后，蔡奇看望冬奥组委来自河北省的部分干部，勉励大家

① “三线四桥”，指北京大兴国际机场高速公路及其配套项目，包括机场高速公路，团河路和轨道交通新机场线在内的三条交通线路以及四座高架桥。

继续保持干劲，坚定目标，共同做好冬奥筹办工作。

12 月 28 日　中国共产党北京市第十二届委员会第七次全体会议召开。全会学习贯彻中央经济工作会议精神，总结 2018 年工作，研究部署 2019 年任务。北京市将深入实施新一版城市总体规划，扎实推进机构改革，圆满完成中非合作论坛北京峰会服务保障任务，以疏解北京非首都功能为“牛鼻子”推动京津冀协同发展，努力推动经济高质量发展，坚决打好三大攻坚战，全面深化改革开放，全力做好 2022 年北京冬奥会和冬残奥会筹办工作。

12 月 29 日　北京大兴国际机场高速公路全线贯通。通车后，将大大提升机场服务水平，有效促进新机场临空经济区发展，推动完善京津冀区域综合交通运输体系。

本月　北京市政交通一卡通公司宣布，截至 2018 年 11 月底，北京一卡通京津冀手机互联互通卡用户已突破 50 万人，累计交易量达 2855 万笔。

本月　北京市司法局、天津市司法局、河北省司法厅在河北正定县共同签署《坚持和发展“枫桥经验”筑牢环首都“护城河”工程行动方案》，通过一系列合作方式，为筑牢环首都“护城河”营造安全的政治环境、稳定的社会环境、公正的法治环境和优质的服务环境。

本年　京津冀三地地区生产总值合计 8.5 万亿元。其中，北京地区生产总值为 30320 亿元，按可比价格计算，比上年增长 6.6%。京津冀地区三次产业构成为 4.3 : 34.4 : 61.3，其中，第三产业比重比上年提高 1.2 个百分点。其中，北京第三产业占比为 81.0%。

2019年

1月

1月2日 市委常委会召开会议，传达学习中共中央、国务院关于对《北京城市副中心控制性详细规划（街区层面）（2016年—2035年）》的批复。会议要求，要深入学习领会，逐一对标对表，真正把《批复》精神吃透。要抓紧完善城市副中心建设指导意见、控规实施方案以及到2022年的行动计划。调整完善城市副中心管理体制。及早启动实施今年任务，抓紧编制或完善重点地区和重点领域的专项规划、实施方案以及12个组团控制性详规深化方案等，抓好11项重点任务进度。平稳有序完成市级机关搬迁工作。做好《批复》精神和控规的宣传。继续抓好房地产市场调控，严禁炒房炒地，抑制投机行为，坚决遏制违法建设。

同日 国家体育总局冬季运动管理中心与北京市体育局在京签署备战北京2022年冬奥会合作协议，双方将在花样滑冰、短道速滑、速度滑冰、钢架雪车等九个项目上进行共建队伍、人才培养、场地保障、赛事组织等层面的合作。

1 月 3 日 陈吉宁到通州区检查全面从严治党（党建）工作情况，强调要主动把通州区的发展融入城市副中心建设、融入“一核两翼”、融入京津冀协同发展的国家大战略，以更宽的视野眼光、更大的空间布局、更长的历史纵深谋划通州区发展。

1 月 4 日 《北京城市副中心控制性详细规划（街区层面）（2016 年—2035 年）》正式发布。2018 年 12 月 27 日，党中央、国务院批复《北京城市副中心控制性详细规划（街区层面）（2016 年—2035 年）》，批复共 11 条，是未来城市副中心建设的总纲领、总指南。城市副中心控规共七章 72 条，是将来城市副中心建设的具体要求。控规提出，到 2035 年初步建成具有核心竞争力、彰显人文魅力、富有城市活力的国际一流的和谐宜居现代化城区。

同日 市政府召开常务会议，研究北京城市副中心控规实施及重大工程等事项。会议强调，要以习近平总书记关于城市副中心规划建设的重要指示精神为根本遵循，深入学习贯彻落实中央批复精神，坚持规划引领、问题导向，迅速行动起来，加强对全局性重大问题的统筹谋划，进一步完善重大项目决策机制，强化工作统筹，狠抓责任落实，加大项目推进力度，加强项目储备，提升服务保障水平，以“副中心质量”高水平规划建设北京城市副中心，推动实现以副辅主、主副共兴。

1 月 7 日 生态环境部通报 2018 年全国空气质量状

况，京津冀及周边地区“2+26”[①]城市平均优良天数比例为50.5%，同比上升1.2个百分点；PM2.5浓度为60微克/立方米，同比下降11.8%。

同日 冬奥会延庆赛区基础性保障工程综合管廊全线贯通，为赛区造雪用水、生活用水、再生水、电力、电信及有线电视等设施接入提供通道，还将为冬奥会后开展大众冰雪运动、实现冬奥场馆的可持续利用提供市政保障。

同日 《京津冀教育协同发展行动计划（2018—2020年）》发布。北京市推出职教资源向北三县延伸、试点京津冀跨省市高职单独招生等重要举措。

1月9日 市委常委会召开会议，传达学习全国宣传部长会议精神，研究《扎实推进北京城市副中心规划建设的指导意见》和《北京城市副中心控制性详细规划实施工作方案（2019年—2022年）》以及2019年北京城市副中心重大工程行动计划；听取北京城市副中心城市绿心起步区详细规划方案及剧院、图书馆、博物馆项目有关情况汇报。

1月11日 市委、市政府召开北京城市副中心控制性详细规划实施动员部署大会，宣读中共中央、国务院对《北京城市副中心控制性详细规划（街区层面）》的正式批

① 京津冀及周边地区“2+26”城市包括，北京市，天津市，河北省8城市（石家庄市、唐山市、廊坊市、保定市、沧州市、衡水市、邢台市和邯郸市），山西省4城市（太原市、阳泉市、长治市和晋城市），山东省7城市（济南市、淄博市、济宁市、德州市、聊城市、滨州市和菏泽市），河南省7城市（郑州市、开封市、安阳市、鹤壁市、新乡市、焦作市和濮阳市）

复，全面部署城市副中心控规实施工作。蔡奇强调，要坚决落实中央《批复》精神，进一步提高政治站位，牢固树立“四个意识”，切实增强责任感、使命感、紧迫感，开拓创新、埋头苦干，努力把城市副中心建设成为新时代城市建设发展的典范，成为新时代的精品城市，向党和人民交上满意答卷。陈吉宁、李伟、吉林出席。

同日 市级行政中心正式迁入北京城市副中心。首批搬迁涉及35个部门、165个单位、约1.5万人。蔡奇、陈吉宁、李伟、吉林出席升国旗仪式，并分别为市委、市政府、市人大常委会、市政协揭牌。

1月12日 中共北京市委城市副中心工作委员会、北京城市副中心管理委员会正式揭牌成立。城市副中心党工委、管委会作为市委市政府派出机构，与通州区委区政府合署办公；隋振江兼任城市副中心党工委书记、管委会主任。城市副中心党工委、管委会的职责包括：负责贯彻落实党的路线方针政策和市委决策部署，组织推进城市副中心规划建设管理各项工作，根据授权在城市副中心规划范围内行使有关市级管理权限；负责组织实施城市副中心控制性详细规划，组织制定城市副中心高质量发展的相关规划、计划和政策、标准，并协调落实；负责综合协调、整体推进城市副中心与通州区一体发展；负责与北三县的工作协调；承担城市副中心建设领导小组日常工作。

1月17日 陈吉宁先后来到市十五届人大二次会议延庆团参加审议。他指出，延庆是首都重要生态屏障，要紧紧抓住筹办冬奥会冬残奥会、世园会的历史性机遇，将筹办工作与区域发展有机结合起来，加大溢出效应，增强内生动力，真正把绿水青山转化为金山银山，推动实现可持续发展。要更加注重软环境建设，下大力气塑造延庆品牌形象，注入更多科技、服务要素，建设文明城市、森林城市，常抓不懈提升城市品质和服务水平。要做好人才建设，加大本地居民培训力度，培养符合区域发展定位的冰雪、旅游等专业人才，积极吸引外部优秀人才和优质资源，为长远发展提供有力支撑。要与冬奥组委、世园局密切配合，加强资源和力量统筹，增强干部群众的主人翁意识，引导他们积极参与到筹办工作中，提升群众的自豪感和获得感。

1 月 18 日 习近平到北京城市副中心视察，详细了解副中心重大工程项目规划建设情况，主持召开京津冀协同发展座谈会并发表重要讲话。充分肯定京津冀协同发展战略实施以来取得的显著成效，强调京津冀协同发展是一个系统工程，不可能一蹴而就，要做好长期作战的思想准备，并对推动京津冀协同发展提出六个方面的要求：紧紧抓住“牛鼻子”不放松，积极稳妥有序疏解北京非首都功能；保持历史耐心和战略定力，高质量高标准推动雄安新区规划建设；以北京市级机关搬迁为契机，高质量推动北京城市副中心规划建设；向改革创新要动力，发挥引领高质量发展的重要动力源作用；坚持绿水青山就是金山银山的理念，强化生态环境联建联防联治；坚持以人民为中心，促进基本公共服务共建共享。韩正陪同视察并发表讲话。

1月19日 市委常委会召开扩大会议，传达学习习近平总书记考察北京城市副中心和在京津冀协同发展座谈会上的重要讲话精神。会议强调，在新年伊始、市级行政中心正式迁入城市副中心之际，习近平总书记的讲话为深化京津冀协同发展战略、推动首都新发展进一步指明了方向。要认真学习贯彻，切实增强“四个意识”、坚定“四个自信”、做到“两个维护”，把全市广大党员干部群众的思想和行动统一到习近平总书记重要讲话精神上来，以更加坚决的态度、更加自觉的行动、更加有力的举措推动京津冀协同发展。

1月21日 京津冀民族古籍珍品展在北京民族文化宫举办。包括汉文、蒙古文、藏文等13种民族文字的珍贵古籍，北京、天津、河北地区少数民族古籍整理出版的近百种成果，少数民族古籍研究的成果近200册，少数民族古籍保护工作成果展板15幅，有关少数民族古籍保护工作的视频，供观众参观阅览。珍品展持续至2月28日。

1月22日 北京市冬奥会监督工作领导小组召开第一次会议。会议认真学习贯彻习近平总书记在十九届中央纪委三次全会上的重要讲话精神，落实中央纪委国家监委和市委加强冬奥会监督的要求，讨论研究《北京市冬奥会监督工作领导小组工作规则》，听取2019年冬奥筹办重点工作、领导小组办公室2018年冬奥监督工作开展情况和2019年监督工作重点的汇报。市委常委、市纪委书记、市监委主任陈雍出席会议并讲话，要求提高政治站位，从“两个维护”的高度认识冬奥会监督工作的极端重要性，以首善标准落实好各项工作任务。

1 月 23 日 市政协党组召开扩大会议，深入学习习近平总书记考察北京城市副中心和在京津冀协同发展座谈会上的重要讲话精神，学习蔡奇在市委常委会（扩大）会议上的讲话精神。会议强调，要进一步加强学习，带动机关干部和政协委员深入学、结合履职学，切实学懂弄通做实，深化对习近平总书记关于京津冀协同发展的重要战略思想的认识。要牢牢把握重点，围绕疏解非首都功能、规划建设好北京新的“两翼”、高质量推动城市副中心规划建设和京津冀协同发展等课题，坚持建言资政、凝聚共识“双向发力”，广泛汇聚推进京津冀协同发展的智慧力量。

1 月 24 日 中共中央、国务院发布《关于支持河北雄安新区 全面深化改革和扩大开放的指导意见》。

同日 市人大常委会党组召开扩大会议，深入学习习近平总书记考察北京城市副中心和在京津冀协同发展座谈会上的重要讲话精神，传达学习蔡奇在市委常委会（扩大）会议上的讲话精神。会议强调，要进一步提高政治站位，深刻认识京津冀协同发展的重大战略意义，坚决贯彻党中央决策部署、落实市委工作安排，进一步增强自觉性、主动性和创造性，保持历史耐心和战略定力，坚持首都城市战略定位，围绕疏解非首都功能和实现首都高质量发展，始终按照把工作重心、服务重点放在主城区的要求，统筹谋划好立法监督等各项工作，利用好京津冀人大立法工作协同机制，为坚定有序疏解北京非首都功能、推动京津冀协同发展取得新的更大进展，提供坚强有力的民主法治保障。

1月25日 市政府第二次全体会议在城市副中心的市政府新办公区召开。会议深入学习贯彻习近平总书记考察北京城市副中心和在京津冀协同发展座谈会上的重要讲话、在省部级主要领导干部坚持底线思维着力防范化解重大风险专题研讨班上的重要讲话精神，落实中央经济工作会议精神，按照市委十二届七次全会和市十五届人大二次会议工作部署，进一步明确2019年目标任务。陈吉宁主持会议并要求，认真学习贯彻习近平总书记考察北京城市副中心和在京津冀协同发展座谈会上的重要讲话精神，不折不扣落实好党中央决策部署。把握主线、突出重点，抓实抓好各项工作，确保圆满完成全年目标任务，以优异的成绩迎接中华人民共和国成立70周年。

1月30日 蔡奇会见国际奥委会主席托马斯·巴赫一行，对巴赫的再次来访表示欢迎，并介绍北京冬奥会和冬残奥会筹办工作进展。

本月 北京赛区和延庆赛区共计42个冬奥工程项目（含2022年冬奥会场馆及配套基础设施建设项目）实现开工建设，总体开工率达到81%。

2月

2月1日 习近平在北京看望慰问基层干部群众，考察北京冬奥会和冬残奥会筹办工作，强调要全面落实绿色、共享、开放、廉洁的办奥理念，充分考虑场馆的可持续利用问题，高标准、高质量完成各项筹办任务。要弘扬中华体育精神，弘扬体育道德风尚，推动群众体育、竞技体育、体育产业协调发展，加快建设体育强国。韩正陪同考察。

2月2日　市委常委会召开扩大会议传达学习习近平总书记来京视察慰问时的重要指示精神。会议要求，全力筹办好北京2022年冬奥会和冬残奥会。要切实提高政治站位，深刻认识北京作为“双奥城市”的巨大荣耀和责任，始终坚持“四个办奥”理念，切实把筹办工作与落实首都城市战略定位、牵引京津冀协同发展结合起来，与提高群众健康水平、满足群众美好生活需要结合起来，确保办成一届精彩、非凡、卓越的奥运盛会。加快场馆建设，做好赛事备战、赛会服务和医疗救助等工作，深入推进冰雪运动普及发展。严格落实廉洁办奥要求，把北京冬奥会和冬残奥会办得像冰雪一样纯洁无瑕。从打造新时代首都城市复兴新地标的高度，实施好新首钢地区规划，注重保护延续老工业文化脉络，积极利用和开发冬奥要素资源，推动转型发展。

2月5日—9日　农历大年初一，“逛京东庙会　乐万家生活”北京平谷京东文化庙会暨第三届平谷文化庙会举办。来自京津冀三地的艺术家为市民奉上精彩的文化演出。本届庙会活动内容为京津冀文化展示、京津冀商品展销、京津冀文艺展演、娱乐游艺以及便民惠民服务五大类。

2月11日　市规划自然资源委公布2018年度绩效管

理工作自查报告。报告显示，2018年，在京津冀协同发展方面，北京已推进新机场线建设，加强各重点功能区与新机场的联系；会同中国铁路总公司等多家单位主动开展周边铁路规划建设，联合批复《雄安新区及周边地区铁路布局规划调整建议方案》，扩容现有交通廊道，加大线网密度，实现河北雄安新区与北京本地轨道交通网络的有效衔接。

2月14日 中国共产党北京市第十二届委员会第八次全体会议召开。全会学习贯彻2019年初习近平总书记视察北京重要讲话精神，并就抓好贯彻落实作出安排部署。蔡奇讲话。全会强调，党的十八大以来，习近平总书记四次视察北京，五次对北京发表重要讲话，都深刻阐述了“建设一个什么样的首都，怎样建设首都”这个重大时代课题，为做好新时代首都工作提供了根本遵循。要切实把思想和行动统一到习总书记重要讲话精神上来，以更加坚决的态度、更加自觉的行动、更加有力的举措落实好京津冀协同发展战略、做好首都工作，推动习近平新时代中国特色社会主义思想在京华大地进一步形成生动实践。

2月18日 市政协党组召开扩大会议，传达学习市委十二届八次全会精神。会议指出，京津冀协同发展取得重要的阶段性成果，要坚定信心、保持定力，推动这一重大国家战略取得更大进展。市政协要围绕京津冀协同发展、疏解非首都功能等重大课题，组织委员加强学习，深化调查研究，坚持建言资政和凝聚共识双向发力，为做好首都工作广泛汇聚正能量。

2 月 19 日 北京冬奥组委正式发布《北京 2022 年冬奥会和冬残奥会遗产战略计划》。国际奥委会官网也同步发布该计划。国际奥委会北京冬奥会协调委员会主席胡安·安东尼奥·萨马兰奇发来贺词，称“战略计划的发布对国际奥委会和北京都具有十分重要的意义”。创造丰厚的冬奥遗产，为国家、主办城市、人民群众带来长期的、积极的收益，是做好筹办工作的重要内容，也是落实“绿色、共享、开放、廉洁”办奥理念的具体行动，对于举办一届精彩、非凡、卓越的奥运盛会，赢得国际社会的认可和赞誉，推动北京、张家口城市建设及京津冀协同发展，具有重要的促进作用。

2 月 20 日 北京科学技术研究院公布，京津冀地区 2017 年新兴绿色产业发展指数为 110，呈上升趋势，且发展水平高于全国。北京市财政课题《京津冀传统高能耗产业优化升级与新兴绿色产业培育研究》，首次提出新兴绿色产业发展指数的概念，其研究报告《京津冀新兴绿色产业培育机制及产业链发展研究》通过验收。该报告评价全国及京津冀地区的新兴绿色产业发展状况。

2 月 21 日 蔡奇检查城市副中心交通基础设施建设，以“四不两直”[①] 方式调研通州政务服务中心工作并召开座谈会。他指出，2019 年是副中心控规实施的开局之年，要确保开好局、起好步。要推动高质量发展。实施好已确

---

① “四不两直”是指不发通知、不打招呼、不听汇报、不用陪同接待，直奔基层、直插现场的一种暗查暗访制度。

定的重大项目和投资计划。城市绿心要抓紧植树造林，剧院、图书馆、博物馆、副中心站综合交通枢纽要力争动工。抓紧环球主题公园、行政办公区二期建设。筛选吸引一批符合副中心功能定位、带动性强的项目与企业总部落户，发展高科技产业板块。要坚持以人民为中心的发展思想，办好群众家门口的事，让市民有直接获得感。坚持接诉即办与主动治理结合，不断提高城市管理水平。要面向企业和群众办好副中心政务服务大厅。要促进京津冀区域协同发展，做实与河北廊坊北三县的合作。

同日　中国铁路设计集团对天津至北京大兴国际机场联络线进行首次环评公示。该联络线为高速铁路，跨越京津冀三地。建成后从天津到北京新机场大约需要 36 分钟。

2 月 26 日　市政协、市委统战部联合召开部分全国政协委员情况通报会。委员们会前考察北京城市副中心规划馆。会上，市委常委、常务副市长林克庆围绕京津冀协同发展、经济高质量发展、优化营商环境等方面介绍北京市经济社会发展情况，市发展改革委、市教委、市经济和信息化局等单位负责人就相关工作与委员们现场交流。

同日　由北京市发改委、河北省发改委、廊坊市政府、通州区政府共同主办的北京市与廊坊北三县项目推介洽谈会举行，共有 52 个项目集中签约，意向投资额达 337 亿元。洽谈会旨在推动北京产业、公共服务、基础设施等向北三县延伸布局，促进北三县在京就业人口实现就地就近就业，为将城市副中心打造成北京重要“一翼”提供支撑。

同日　北京市教委与廊坊市政府、廊坊市所辖的三河、大厂、香河县的教育主管部门等签署《关于北三县地区教育发展合作协议》。

2月27日　中国北京人力资源服务产业园通州园区正式投入试运行。FESCO、北京汇众联合劳务派遣有限公司等13家企业率先入驻。该园区运营管理采用“政府+资产管理+市场化运营”的新模式，汇集政务服务窗口、企业创新展示、银行金融等各类服务设施，为企业提供高效、便捷、舒适的一站式公共服务环境，服务京津冀，培育新的增长点。

2月28日　韩正主持召开京津冀协同发展领导小组会议，深入贯彻落实习近平总书记在京津冀协同发展座谈会上的重要讲话精神，部署2019年重点工作。他强调，2019年是京津冀协同发展战略实施五周年，要以高度自觉和务实举措，把习近平总书记重要讲话精神不折不扣落实到工作实践中，推动京津冀协同发展取得新的更大进展。要高质量高标准建设雄安新区，把规划转换成建设项目，按照开放式建设、市场化运作的理念，吸引最优最强的工程建设企业和管理团队参与项目建设。积极稳妥有序疏解北京非首都功能，探索形成内生动力机制，拿出一批含金量高的政策推进疏解。扎实推进北京城市副中心建设，积极做好北京市级机关搬迁保障工作，工程建设进度服从质量要求，加强通州区与北三县规划建设管控。大力推进重大基础设施建设，做好北京大兴国际机场开航保障和配套工程建设，进一步提升天津港功能，更好服务国家重大战略。加强生态环境保护，推进基本公共服务均等化，不断提高人民群众获得感。蔡奇参加会议。

本月 “戏韵动京城——第二届京津冀戏曲院团新春演出季”携手京津冀多家戏曲院团轮番登场，分别在全国地方戏演出中心、梅兰芳大剧院、天桥剧场和京演民族文化宫大剧院等剧场，上演《牡丹亭》《凤还巢》《狮吼记》《母亲》等多台传统经典戏曲剧目。

3月

3月1日 第四届“中国梦·冬奥情·京津冀”微视频（微电影）主题原创作品征集推优活动在京启动。

3月7日 十三届全国人大二次会议北京团举行开放团组全体会议。会后，陈吉宁等9位代表现场接受58家中外媒体、98名记者的集体采访，回答记者提出的京津冀协同发展、冬奥会筹办、全国科技创新中心建设等热点问题。

3月8日 北京科学教育馆协会成立暨京津冀科学教育馆联盟发起大会在京召开。

3月16日 北京市推进京津冀协同发展领导小组会议召开。会议传达国家京津冀协同发展领导小组会议精神；审议《北京市深入贯彻落实习近平总书记在京津冀协同发展座谈会上重要讲话精神的意见》和《北京市推进京津冀协同发展2019年工作要点》；审议关于落实习近平总书记1月18日重要讲话精神，支持廊坊北三县产业转型升级、提升公共服务水平、打造优质三级医院等有关工作方案。

同日 蔡奇在通州区就推动北京城市副中心产业发展进行调研。他强调，要深入学习贯彻习近平总书记视察北京重要讲话精神，牢牢把握高质量发展要求，高起点谋划推进城市副中心产业发展，打造北京重要一翼。陈吉宁一同调研。

3 月 18 日 陈吉宁以“四不两直”方式在通州区调研检查“大棚房”清理治理工作，强调党中央、国务院明确指出，“大棚房”是京津冀区域在切实落实最严格耕地保护制度方面的突出问题。北京是首都，必须进一步增强“四个意识”，深入贯彻“看北京首先从政治上看”的要求，切实增强责任感紧迫感，全面贯彻落实中央部署和市委要求，不折不扣完成好“大棚房”清理治理任务，不获全胜决不收兵。

3 月 19 日 韩正主持召开第二十四届冬奥会工作领导小组全体会议，学习贯彻习近平总书记视察北京冬奥会和冬残奥会筹办工作时的重要指示精神，研究部署下一阶段重点任务。他强调，举办北京冬奥会和冬残奥会是一件国家大事，要把习近平总书记重要指示精神贯穿到筹办工作始终，瞄准精彩非凡卓越办赛目标，全面扎实推进各项筹办任务。蔡奇等出席会议并讲话。

同日 市委常委会召开会议，研究《北京市深入贯彻落实习近平总书记在京津冀协同发展座谈会上重要讲话精神的意见》和《北京市推进京津冀协同发展 2019 年工作要点》。会议强调要深入贯彻习近平总书记关于京津冀协同发展的重要指示精神，进一步提高政治站位，发挥示范带头作用，以首善标准推动京津冀协同发展不断取得新的更大进展。牢牢抓住疏解非首都功能这个“牛鼻子”，严格执行北京城市总体规划，坚持严控增量和疏解存量相结合，内部功能重组和向外疏解转移双向发力。全力支持河北雄安新区规划建设，扎实推进城市副中心建设，深化北京新的“两翼”联动发展，更好发挥“一核”带动作用。加强定期研究调度，抓住重要节点和重点领域，推动重点项目落地。落实好推进京津冀协同发展 2019 年工作要点确定的各项任务。

3 月 20 日　市政协城市讲堂和社会讲堂首次联合举办，活动以“走进城市副中心”为主题，学习贯彻全国两会精神，深入贯彻落实习近平总书记在京津冀协同发展座谈会上重要讲话精神，实地了解北京城市副中心规划建设进展情况，围绕在更高水平上推进京津冀协同发展座谈交流，为贯彻落实中共中央和北京市委决策部署聚合力、添助力。

3 月 25 日　首都规划建设委员会召开第三十七次全体会议，通报北京市 2018 年城市规划发展建设和城市体检有关情况，研究部署深入落实城市总体规划工作。蔡奇、陈吉宁出席。蔡奇指出，我们要深入贯彻落实习近平总书记对北京重要讲话精神，清醒认识城市体检反映出的问题，切实增强紧迫感责任感使命感，紧紧抓住疏解非首都功能这个“牛鼻子”，推动老城整体保护提升，扎实推进城市副中心建设，治理“大城市病”，加强城市精细化管理，全面提升首都规划建设管理水平。

3 月 29 日　连接北京通州与河北燕郊的燕潮大桥正式通车。东六环开车到燕郊仅需 15 分钟。

本月　中共中央办公厅、国务院办公厅印发《关于以 2022 年北京冬奥会为契机大力发展冰雪运动的意见》，对发展冰雪运动作出部署。

本月　永定河首次开启跨流域补水。

4 月

4 月 2 日　京津冀人才一体化发展部际协调小组第四次会议在京召开。会议听取京津冀人才一体化发展工作实施情况汇报；审议通过《2019 年京津冀人才一体化发展工作要点》，通报《2019 年京津冀人才智力引进活动方案》。北京市通州区、天津市武清区、河北省廊坊市三地共同签署《通武廊人力资源服务企业联盟合作协议》，通武廊人力资源服务业协同发展示范区揭牌。北京市发展改革委、天津滨海—中关村科技园、河北雄安新区负责人交流发言。三地党委组织部长出席。

同日　由北京市、天津市、河北省三省市民政部门联合主办的 2019 年京津冀协同骨灰海葬首航活动在天津渤海湾举行，31 份骨灰入海。这是京津冀三地首次举行联合海撒。

4 月 3 日　中国香港体育协会暨中国香港奥委会会长霍震霆率团参访北京冬奥组委首钢办公区和北京冬奥会和冬残奥会展示中心。对北京冬奥组委卓有成效的筹办工作表示赞佩，希望北京冬奥组委赴香港进行宣传推广工作，在条件许可的情况下争取能够让北京冬奥会火炬在香港传递。

4 月 8 日—10 日　国际奥委会及与会的新闻机构代表参观北京冬奥会和冬残奥会展示中心，并对北京、延庆、张家口三个赛区的绝大部分竞赛场馆和主新闻中心、山地新闻中心、奥林匹克颁奖广场等非竞赛场馆进行实地考察。

4 月 9 日　京冀两地以“关注候鸟迁徙，维护生命共同体”为主题，在房山区长沟泉水国家湿地公园、拒马河下游、琉璃河湿地公园等京冀交界处持续开展保护候鸟“联合宣传、协同执法”活动，增强两地群众爱鸟护鸟意识，为候鸟迁徙护航。

4 月 11 日　北京冬奥会世界新闻机构会议在北京冬奥组委首钢办公区召开。北京冬奥组委联合国际奥委会媒体运行团队，对北京冬奥会媒体运行、赛事和竞赛日程安排、场馆和基础设施、抵离、媒体交通、媒体住宿、注册与签证、安保、技术九个业务领域的筹办进程进行详细介绍。来自北京冬奥组委、国际奥委会及九家世界新闻机构的代表等约 90 人参会。

4 月 12 日　北京外国语大学附属涿州高中揭牌仪式在涿州举行。该项目以涿州中学教学资源为基础，按照“挂牌形式、全面合作、逐步深化”思路，围绕教师素质提升、外语教科研合作、教育国际化合作等内容展开，旨在进一步促进京冀教育交流，全面提升涿州市教育科研、人才培养水平质量，致力打造京冀合作办学的亮眼名片。

4 月 15 日　经北京市交通委员会运输管理局批准，机场巴士公司开通首都机场至张家口汽车南站的省际客运班线。

4 月 16 日 2019 年首都中医药工作会议召开。会议明确，京津冀中医药协同工作重点推进北三县中医药协同发展，积极引导北京中医药资源落户北三县。同时，积极推广望京医院资产托管式的合作模式，落实人员派驻和挂职机制，完成 100 个重点专科协作病房建设。

4 月 29 日 全国首个跨境电商保税区内分拨中心在天津东疆保税港区正式落成启动。京津冀地区全境实现次日达。

本月 铁科院公布环评报告书，其中北京市城市轨道二期建设规划调整涉及五条线。其中平谷线、CBD 线和新机场线都是原建设规划中的项目，而 13 号线扩能提升和冬奥支线则是最新调整增加的项目。

本月 河北沧州市妇幼保健院与首都儿研所附属儿童医院签约。根据合作协议，双方将围绕儿科专业，尤其是儿童内科、新生儿内科、儿科（新生儿）外科、儿童保健、重症医学科等临床及医疗技术等方面，在远程医疗、危重患儿转会诊、人才培养、学科建设、学术交流、科研合作等领域进行全方位合作，建立双向转诊绿色通道，推进分级诊疗，实现资源共享，提升管理水平。

5 月

5 月 10 日 北京、河北两地共青团共同发布“迎冬奥”志愿服务十大示范项目。这些项目于 5 月 11 日正式启动，并一直延续到冬奥会赛前。

5 月 14 日　北京市农业农村局组织北京市蔬菜生产、销售、流通等 13 家企业到张家口市开展蔬菜产销对接，在 2019 年已投资建设蔬菜基地 2000 亩的基础上，通过本次对接，又达成 4000 余亩新的蔬菜基地合作意向，在增加北京市场优质蔬菜供应保障同时，助力张家口地区产业扶贫攻坚。

5 月 21 日　北京市党政代表团赴河北省就扶贫协作工作进行对接。蔡奇、陈吉宁与河北省有关负责人座谈。蔡奇强调，要聚焦重点领域，突出脱贫实效。健全产业合作项目带贫机制，支持易地搬迁配套产业园区、贫困村扶贫车间建设。完善劳务协作精准对接机制，加大贫困人口技能培训力度，引导鼓励企业优先吸纳贫困人口就业，重点安排就地就近就业。开展贫困县农副产品“七进”[①] 活动，拓展进京销售渠道。更加注重发挥北京教育、医疗、科技资源优势，着力解决因病、因学致贫问题，增强脱贫的内生动力。要巩固脱贫成果，超前谋划脱贫摘帽后的工作，建立防止返贫长效机制，做到摘帽不摘责任、不摘政策、不摘帮扶、不摘监管。

5 月 29 日　2019 投资北京洽谈会暨京津冀投资推介会（京洽会）在北京举行，京津冀三地分别进行产业和区域推介。共同签署战略合作框架协议，建立京津冀产业链

---

① “七进”指进机关、进企事业单位、进学校、进医疗养老服务机构、进社区、进商超、进批发市场。

引资合作三方协同工作机制。这标志着京津冀产业链引资工作进一步形成合力，三地投资促进机构将共同探索京津冀产业链引资合作模式。

5月30日 北汽鹏龙动力电池梯次利用项目一期工程在河北黄骅正式奠基。

本月 北京市农林科学院承德分院成立，承德市与北京市农林科学院签署合作协议，推进京承现代农业协同发展，双方就年度重点推进的北京油鸡引种及开发、引进北京市农林科学院蔬菜食用菌新品种新技术和药食同源中药材繁育及栽培等六个方面的科技合作进行对接。

本月 河北东方学院与北京首都机场签署校企合作协议，双方将展开合作，服务北京首都机场，同时为即将投入使用的北京大兴国际机场储备人才。

6月

6月4日 市发展改革委发布《北京市推进京津冀协同发展2019年工作要点》，围绕非首都功能疏解、支持雄安新区和城市副中心“两翼”建设、生态、交通、产业、公共服务等方面，安排90项具体任务，包括疏解非首都功能14项；抓好4个“交钥匙”项目开工建设；落实城市副中心控制性详细规划和通州区总体规划，完善各组团、各街区规划；推进曹妃甸协同发展示范区建设，加快首钢京唐二期、金隅曹妃甸示范产业园等重点项目建设；推动优质教育、医疗资源向河北延伸。

6月11日 以“智慧交通：京津冀协同创新与发展”

为主题的第十七届北京两界联席会议高峰论坛在北京交通大学科学会堂隆重举办。论坛由北京市科协，北京市社科联联合主办，北京交通大学，北京人文交通、科技交通、绿色交通研究基地，北京综合交通发展研究院共同承办。

6月12日　京张高铁北京段全线轨道铺通。

同日　第四届京津冀非公经济产业对接交流会暨三地民营企业走进北京城市副中心推介会在通州举行。北京市各区工商联、有关行业商会协会、在京异地商会负责人，天津市、河北省有关园区、商会负责人及京津冀三地企业家代表参会。会议认为，要按照京津冀整体定位和三省市功能定位布局项目投资重点，统筹分析三地产业发展链条，发挥互补优势，对接产业规划，不断建立完善全方位、多层次、可持续的协同发展合作模式促进融合、增强合力。

6月17日　中关村科技园区通州园管委会和唐山芦台经济开发区管委会正式签约。两地将在科技创新、产业项目、人才交流等领域展开多层次合作。

6月18日　京冀扶贫劳务协作座谈会在河北丰宁召开。会上，北京市人社部门与河北省人社部门签订《京冀省际间扶贫劳务协作协议》，河北张家口、承德、保定三市的23个县人社部门与北京对口区的人社部门签订劳务协作协议。

6月25日　京津冀城市综合管廊建设标准体系建设成果发布会召开，发布国内首部施工类区域协同工程建设标准《城市综合管廊工程施工及质量验收规范》。京津冀三地就共同制定京津冀区域协同工程建设标准达成战略合作框架协议，全力推进京津冀工程建设标准协同发展。

6 月 25 日—26 日 北京日报社主办的“协同创新 聚势起航”2019 京津冀协同发展论坛举行。京津冀三地文旅、农业农村主管部门负责人，各地党政负责人，三地党报负责人出席论坛。北京市发改委、经信局相关负责人介绍北京非首都功能疏解最新进展。京津冀三地有关部门负责人介绍承接北京非首都功能疏解情况。

6 月 26 日 2019 年京津冀文化和旅游协同发展交流活动在京举办。活动期间组织召开京津冀文化和旅游协同发展工作会和京津冀文化和旅游扶贫论坛，研究部署《京津冀文化和旅游协同发展 2019 年—2020 年工作要点》，签署《京津冀文化和旅游协同发展战略合作框架协议》，京津冀三地与新浪、腾讯签署《京津冀—新浪文化旅游宣传战略合作框架协议》和《京津冀—腾讯文化旅游宣传战略合作框架协议》。

本月 北京市交通委员会和河北省交通运输厅签署《北京大兴国际机场陆侧交通保障合作框架协议》，决定成立由北京市交通委员会、河北省交通运输厅分管负责人共同牵头，出租汽车、省际客运、交通执法等行业主管部门和廊坊市交通运输局共同参加的协调小组，建立北京大兴国际机场陆侧综合交通联合保障机制。

本月 天津滨海中关村智能制造科创中心正式运营，成为京津孵化载体生力军。

7 月

7 月 1 日　北京大兴国际机场高速和大兴机场北线高速中段正式通车。这标志着服务北京大兴国际机场运营的“五纵两横”外围交通骨干网中四条高速（京开高速、京台高速和大兴机场高速、大兴机场北线高速中段工程）全部建成通车。

7 月 2 日　北京大兴国际机场移动通信基础设施正式完工。

7 月 9 日—10 日　首届体育赛事传播国际论坛在北京体育大学成功举办。主论坛主题为“聚焦全球赛事传播助力 2022 北京冬奥”。论坛聚焦奥运赛事传播前沿热点问题，用国际化的眼光审视和解读中国体育赛事传播的发展，从中国视角看全球体育赛事传播的趋势，为做好中国体育赛事传播，特别是 2022 北京冬奥会的赛事传播，奠定良好基础。

7 月 10 日　由北京电台发起、以有声内容为合作核心的融媒体声音联盟在北京成立。该联盟以京津冀协同发展、市区联动为抓手，着力建设具有强大传播力、引导力、影响力、公信力的新型主流有声媒体集群。北京电台、北京电台新媒体客户端“听听 FM”，北京昌平、房山、通州、顺义、大兴、平谷、怀柔、密云、延庆等区融媒体中心（电台）以及邯郸广播电视台新闻综合广播、蔚县融媒体中心等成为首批联盟成员。

7 月 14 日　由京津冀三地教育行政部门联合主办的

京津冀农林高校“新农科”协同创新研讨会在天津农学院举行。京津冀八所农林高校启动《京津冀农林高校“新农科”行动计划》。明确京津冀农林高校“新农科”协同发展的路线图和时间表，形成平台共建、资源共享、合作共赢、协同发展的协作机制。在人才培养方案、学科建设、教研教改、师资交流、学分互认、学科竞赛等方面进行项目对接，开展实质合作。

7月16日　42名2019年高校应届毕业生正式入职北京冬奥组委。至此，北京冬奥组委已成立23个部门，在职人员560余人。

同日　北京市密云区、怀柔区与河北省承德市签署潮河流域生态环境联建联防联治合作协议。两区一市建立跨界水体联合监测、预警及水污染防治联合执法机制，并成立流域管控领导小组，全面负责流域环境协同管控。

7月17日　中国雄安集团官网发布《雄安至北京大兴国际机场快线（R1线）工程可行性研究报告咨询服务项目比选公告》。公告显示，机场快线（R1线）工程南起雄安新区启动区，北至北京大兴国际机场北航站楼，全长85公里，其中雄安新区段40公里，廊坊段41公里，北京段4公里。

7月18日　国际奥委会北京2022年冬奥会协调委员会召开第四次会议。会议听取北京冬奥组委关于组织管理、《新规范》实施、场馆和基础设施建设、测试赛准备、宣传、公众参与等内容的主题陈述。蔡奇、国际奥委会北京2022年冬奥会协调委员会主席胡安·安东尼奥·萨马兰奇在开幕式上致辞。蔡奇表示，当前是冬奥筹办的关键阶段，筹办工作更加精细化、实战化。将全面落实绿色、共享、开放、廉洁的办奥理念，深入践行《奥林匹克 2020 议程》及《新规范》，深化与国际奥委会等方面合作。北京市将积极吸纳协调委员会各位委员、专家的意见建议，把筹办工作做得更好，向着成功办奥稳步前进。胡安·安东尼奥·萨马兰奇在致辞中高度赞赏北京冬奥会和冬残奥会的筹办工作，感谢大家卓越的努力。表示国际奥委会将与北京冬奥组委进一步加强沟通合作，共同为举办一届无与伦比的冬奥盛会而努力。会前，协调委员会实地考察延庆赛区和张家口赛区的筹办工作情况。

7 月 19 日 中国共产党北京市第十二届委员会第九次全体会议召开。全会要求，2019 年下半年要深入推进以疏解非首都功能为“牛鼻子”的京津冀协同发展，坚定有序疏解非首都功能，高质量推进城市副中心规划建设，推动协同发展重点领域任务落实；要扎实做好 2022 年北京冬奥会和冬残奥会筹办工作。

同日 北京大兴国际机场举行投运前第一次综合演练。1182 名模拟旅客经过各项乘机环节，对 22 个国内进出港航班保障流程进行测试。整个演练共持续近 6 个小时，参与单位 34 个，参与工作人员 6000 余人。

同日 京津冀现代农业职教联盟在唐山成立。京津冀现代农业领域的职业院校、科研院所和行业企业等 82 家单位参加联盟。成立大会上，通过《京津冀现代农业职教联盟章程》，现场进行校企合作签约、对接推介。

7月20日　国家发展改革委在雄安新区组织召开京津冀协同发展工作现场会。来自京津冀三省市，教育部、科技部等14个部委及国家铁路集团有限公司等围绕2019年确定的88项重点工作进展如何、河北雄安新区建设、北京非首都功能疏解、基础设施建设等方面的亮点、下一阶段的重点工作等，介绍交流相关情况。

7月24日　市重大项目办在北京冬奥会延庆赛区组织召开“百日会战”誓师大会，标志着延庆赛区工程建设进入了冲刺阶段。延庆赛区主要承担高山滑雪和雪车雪橇赛事。

7月25日　2019年京津冀社会信用体系协同推进大会召开。京津冀三地协同推进社会信用体系建设，研究签署《京津冀区域协同社会信用标准框架合作协议》，全面启动三地在信用信息归集共享、联合奖惩等领域的标准协同工作。京津冀三地将联合惩戒省际客运和超限超载领域的失信行为。

7月26日　2019京津冀房车巡游暨非物质文化遗产和红色旅游宣传体验交流活动启动。巡游期间，举办京津冀非物质文化遗产宣传体验交流、捐赠图书、京津冀红色旅游自驾精品线路发布等活动。

7月31日　冬奥临时邮局正式升级为冬奥邮政服务网点——北京2022邮政所，并启用“北京2022”邮政日戳。冬奥邮局位于北京冬奥组委首钢园区内，占地约100平方米，其邮政日戳、邮政编码、专用信箱号码、内部布局都充满北京冬奥元素，宣传冬奥文化。

同日 北京市中日友好医院与沧州市人民医院正式签约。双方决定共建医联体，在学科建设、人才培养、科研合作、远程医疗、远程教学等方面进行紧密合作，妇产科将成为两家医院率先合作的科室。

本月 北京市发改委批复北京城市副中心、昌平新城两个雨污合流管网改造工程项目。城市副中心 11 条道路将通过新建近 25 公里长的雨水、污水管线，实现相关区域的雨污分流，改善促进水环境质量。

8 月

8 月 9 日 蔡奇带领 16 区和相关部门主要负责人，就高质量推进城市副中心规划建设发展进行拉练式检查并召开现场推进会，强调要深入学习贯彻习近平总书记对北京重要讲话精神，进一步提高政治站位，既要保持历史耐心和定力，又要增强使命感紧迫感，勇于担当、稳扎稳打，全市合力打造“副中心质量”，实现每年都有新气象新作为。陈吉宁、李伟、吉林参加。

同日 京承农业扶贫战略合作暨“承德山水”农产品区域公用品牌推介会在北京会议中心举行。京承两地农业龙头企业现场达成 53 个项目合作意向，具备签约条件项目 36 个，投资和销售总额达到 32.35 亿元。

8 月 10 日 北京市生态环境保护科学研究院网站公布北京地铁 7 号线东延的环评报告书全本。根据环评报告，地铁 7 号线东延线全长 16.6 公里，共设置车站 8 座。7 号线 2019 年 9 月开通后，直达北京城市副中心环球主题公园。

8 月 14 日—16 日　2019 京津冀一体化重大工程项目观摩会举行。会议安排北京大兴国际机场航站楼结构设计等六个主题报告，参会者参观广渠路东延项目北运河节点工程、北京轨道交通新机场线工程等重大工程建设现场。

8 月 22 日　北京市、天津市、河北省检察机关服务保障京津冀协同发展第三次工作交流会在雄安新区召开。会议围绕推进检察工作一体化、司法标准统一化，更好服务保障京津冀协同发展的主题，总结前两次联席会议以来三地检察机关交流合作情况，就进一步加强司法协作特别是服务京津冀协同发展、雄安新区规划建设等重大国家战略实施进行研讨。此后，工作交流会每年召开一次，定期总结交流研讨相关工作。

8 月 24 日　蔡奇到大兴新机场对接检查通航前的服务保障工作，强调大兴国际机场在新中国成立 70 周年大庆之际通航，这是重要历史节点上具有标志性意义的大事。要自觉从服务党和国家工作大局、推动京津冀协同发展战略、落实首都城市战略定位的高度，认识建设北京大兴国际机场的重大意义，精益求精做好各项服务保障工作，确保如期通航安全投运，建设世界一流的平安、绿色、智慧、人文的国际枢纽机场。陈吉宁一同检查。会后，北京市与中国民航局签署战略合作协议。

8 月 26 日　市政协就积极推进全产业链布局，加快推动京津冀协同发展主题举办委员沙龙活动。

8 月 31 日　中国（河北）自贸试验区大兴机场片区挂

牌仪式在河北廊坊科技谷举行。大兴机场片区是国家首次在跨省级行政区域设立的自由贸易试验区片区，有利于推动京津冀加快构建统一、开放、有序的市场，也为其他区域的协同发展探索示范路径。自贸试验区实施范围 119.97 平方公里，涵盖雄安片区、正定片区、曹妃甸片区、大兴机场片区四个片区。

本月 京津冀三地工会联合举办第三届京津冀职工职业技能大赛。北京市职工代表队共 36 名选手参加电力电缆工、镶贴工、叉车工、数控车工、园林绿化工和电梯安装维修工等 6 个项目的决赛，其中有 10 名选手分别获得园林绿化工赛项前 3 名、电梯安装维修工赛项前 3 名、镶贴工第 4 名以及电力电缆工、叉车工、数控车工三个赛项第 5 名的好成绩。活动截至 12 月。

9 月

9 月 1 日 北京外国语大学附属石家庄外国语学校在石家庄鹿泉区正式开学。这是继北京师范大学石家庄附属学校后，落地河北省省会城市的第二所全面引入北京知名高校教育体系的基础教育学校。

9 月 4 日 北京平谷 · 雄安新区安新共建软硬镜微创医疗中心正式揭牌。该医疗中心是北京市平谷区与河北、天津、雄安新区多地签订 25 份《共建软硬镜微创医疗中心合作协议》后，第五个正式揭牌的医疗中心。

9 月 11 日 北京市商务局与京津冀三地贸促会联合举办“走进中东欧”经贸交流会。近百家从事对外贸易、对外投资合作业务的企业参会。

9月11日—17日 2019“美在京津冀”——庆祝新中国成立70周年美术作品展览，在北京炎黄艺术馆举行。共有151幅精品汇聚京城进行展览展示。

9月17日 京津冀科学教育馆联盟成立大会在北京科学中心召开。三方宣布成立京津冀科学教育馆联盟领导机构，并达成《京津冀科学教育馆联盟共识》。

9月19日 国务院新闻办公室举行省（区、市）系列新闻发布会，陈吉宁等围绕加快建设国际一流和谐宜居之都，奋力谱写伟大祖国首都发展新篇章作介绍，并就中外媒体关心的推进全国科技创新中心建设、推动京津冀协同发展等问题回答中外记者的提问。陈吉宁表示，北京全市上下按照党中央要求，紧跟新时代步伐，落实新发展理念，深化供给侧结构性改革，更加奋发有为地推动首都高质量发展，朝着建设国际一流的和谐宜居之都目标阔步前进。主要包括四个方面的工作：一是全面实施新版城市总体规划，城市发展方式深刻转型。二是深入推动京津冀协同发展，城市空间格局实现历史性重塑，“一核两翼”联动发展格局初步形成。三是大力推进新一轮高水平开放，城市发展动能加速转变。四是自觉践行以人民为中心的发展思想，人民群众获得感幸福感安全感不断增强。

9月20日 北京市支持雄安新区“三校一院”交钥匙项目在雄安新区正式开工建设。作为雄安新区启动区第一批公共服务与民生保障项目，“三校一院”包括北京市支持河北雄安新区建设幼儿园项目、小学项目、中学项目、医院项目。北京市以“交钥匙”方式全额投资建设，建成后移交雄安新区，北海幼儿园、史家小学、北京四中、宣武医院分别提供办学办医支持。《北京市支持河北雄安新区“交钥匙”项目实施暂行办法》明确“北京出资、北京实施”的组织实施方式，由北京市确定项目管理单位，为项目实施提供全过程、专业化的管理。由京冀两省市协同办联合印发实施。

9月21日　蔡奇与出席京津冀政协主席联席会议第五次会议的代表座谈。指出，京津冀协同发展进入滚石上山、爬坡过坎、攻坚克难的关键阶段，北京将始终坚持以习近平总书记对北京重要讲话精神为根本遵循，紧紧扭住疏解非首都功能这个“牛鼻子”，进一步唱好京津“双城记”，推动北京新“两翼”比翼齐飞，推动京津冀协同发展取得新成效。三地要深入推进协同创新共同体建设，深化京津冀产业政策衔接和园区共建，构建布局合理、梯次发展的产业链条。北京要充分发挥创新资源和人才集聚的优势，推动创新成果在京津冀区域转化应用。陈吉宁、吉林参加。

9月21日—22日　2019可口可乐杯第二届京津冀高校工商管理硕士专业学位研究生（MBA）尖峰时刻创业企划大赛举行。本次大赛由河北省教育厅、北京市教委、天津市教委联合主办，自3月份启动，经过初赛、复赛等层层选拔，共有25所院校的39支创业团队晋级决赛，约300人参赛，展现了京津冀地区MBA学生的创新创业能力和综合素质。

9月25日 北京大兴国际机场投运仪式在北京举行。习近平出席仪式，宣布机场正式投运并巡览航站楼，代表党中央向参与机场建设和运营的广大干部职工表示衷心的感谢、致以诚挚的问候。习近平强调，大兴国际机场建设标准高、建设工期紧、施工难度大，全体建设者辛勤劳动、共同努力，高质量地完成了任务，把大兴国际机场打造成为精品工程、样板工程、平安工程、廉洁工程，顺利投入运营，充分展现了中国工程建筑的雄厚实力，充分体现了中国精神和中国力量，充分体现了中国共产党领导和我国社会主义制度能够集中力量办大事的政治优势。城市现代化要交通先行，要发挥好大兴国际机场的辐射带动作用，联通京津冀世界级城市群、北京“四个中心”、雄安新区建设，服务好京津冀协同发展。韩正出席投运仪式并致辞。蔡奇等致辞。中央和国家机关有关部门，北京市、河北省、天津市和中央军委联合参谋部、空军有关负责同志，机场建设和运营单位代表等参加投运仪式。

同日 市委常委会召开会议，传达学习习近平总书记视察北京大兴国际机场并出席投运仪式时的重要讲话精神。会议强调，要以习近平总书记此次视察为动力，精益求精做好各项服务保障工作，抓好后续配套设施建设，全力支持机场运营管理，努力把大兴国际机场打造成为国际一流的平安机场、绿色机场、智慧机场、人文机场。充分发挥大兴国际机场新动力源的作用，下大力气抓好临空经济区规划建设，发挥中国（河北）自由贸易试验区大兴机场片区作用，推动京津冀地区高质量发展和更高水平的对外开放。实施好双枢纽战略，带动首都机场提质增效，打造世界级航空枢纽和机场群。坚持“四网融合”[①]，大力发展城市轨道交通，构建综合、绿色、安全、智能的立体化现代化城市交通系统，打造现代化国际大都市。

同日 2019年京冀家庭服务职业技能大赛总决赛在石家庄举办。本次大赛通过京冀两地初赛、复赛，层层选拔，共有66名选手进入总决赛，设有养老护理、育婴服务、家政服务三个比赛项目。

9月26日 交通运输部召开发布会，介绍京津冀交通一体化建设成果及工作计划。北京已实现所有市域公交线路和地铁线路“全国交通联合一卡通”全覆盖，累计发卡530万张，与全国245个城市的一卡通互联互通。同时，省际道路客运联网售票系统上线运行，覆盖京津冀区域内100个客运站。陆续开通6条省际班线公交化试点运营，试点线路沿途经过40余个村庄，直接受益8万余人，日均客运量达1300余人次。此外，北京已实现41条公交线路省际化，覆盖河北省廊坊、涞水、赤城等17个毗邻市（县），惠及超40万人。

同日 京雄城际铁路（北京段）正式开通。这是京津冀区域内第一条全线使用电子客票的线路。

---

① “四网融合”，指通过推动干线铁路网、城际铁路网、市域（郊）铁路网、城市轨道交通网“四网融合”，打造轨道上的城市群都市圈。

10月

10月3日 京杭大运河（通州城市段）旅游通航仪式举行。通州城市段是从五河交汇处至甘棠闸，通航河道全长11.4公里。2021年6月26日，大运河北京段全线旅游通航，河道长度共40公里。

10月11日 生态环境部等十部委会同京津冀及周边地区六省市人民政府，印发《京津冀及周边地区2019—2020年秋冬季大气污染综合治理攻坚行动方案》，立足于产业结构、能源结构、运输结构和用地结构调整优化，有效应对重污染天气，强调标本兼治、综合施策，同时强化组织保障，严格监督执法，确保责任落实。

10月12日 首都医科大学附属北京朝阳医院与张家口市第一医院签署《首都医科大学附属北京朝阳医院和张家口市第一医院对口帮扶合作协议》。北京朝阳医院（张家口）呼吸疾病诊疗中心揭牌。

10月14日 2019年"世界标准日"纪念大会召开。北京已累计发布地方标准1750项，其中京津冀区域协同标准50项，初步形成具有首都特色的地方标准体系。

10月21日 河北省党政代表团在京考察。蔡奇、陈吉宁、李伟与河北省领导座谈。蔡奇指出，2019年年初，习近平总书记亲赴京津冀三省市视察，主持召开京津冀协同发展座谈会并发表重要讲话，为新时代深化京津冀协同发展战略进一步指明了方向。我们要加强协同合作，立足京津冀建立现代化经济体系，共同推动区域高质量发展。

会后，双方签署了进一步加强非首都功能疏解重点承接平台建设合作协议、加快建设雄安新区中关村科技园合作协议。在京期间，河北省党政代表团考察了中关村国家自主创新示范区展示中心、百度公司、北京千方科技股份有限公司。

10月24日　中共北京市委机构编制委员会和中共河北省委机构编制委员会联合印发《关于设立北京大兴国际机场临空经济区京冀联合工作领导小组等事宜的通知》，明确联合工作领导小组的主要职责、组成人员、工作机构和议事规则。

同日　京津冀三地民族工作部门在河北省大厂回族自治县召开京津冀民族工作协同发展座谈会。会议就进一步贯彻落实《共同推进京津冀民族工作协同发展合作框架协议》，不断提升城市民族工作和少数民族流动人口服务管理水平，推动民族团结进步共商共建，开创京津冀三地新时代民族工作协同发展新局面进行交流研讨。

10月25日　北京、天津、河北三地京津冀协同发展领导小组办公室共同主办的“创新共融　协同发展”京津冀协同发展项目对接推介会在京举行。52个项目签约，涉及智能制造、大数据、节能环保、医疗健康等领域，计划投资额达149.12亿元。其中，北京与天津签约项目27个，计划投资额59.84亿元；北京与河北签约项目25个，计划投资额89.28亿元。这些项目将促进三地加快构建分工合理、协作有序、上下游联动的产业协同发展格局。

10月26日　蔡奇到通州区就城市副中心产业发展进

行调研检查，强调中关村通州园要立足京津冀培育发展金融板块，优化营商环境，加强优质公共服务资源供给。要开放带动，促进服务业扩大开放综合试点政策落地，打造一批具有国际水平的示范性项目。

同日 第五届世界大城市交通发展论坛在京举行。论坛主题是“城市群协同发展背景下交通体系创新发展”。北京市交通委负责人介绍，在京津冀协同发展的大背景下，三地区域间高速公路断头路已经全部打通。

10 月 27 日 天津市党政代表团在京考察。蔡奇、陈吉宁与天津市领导参加。考察期间，天津市党政代表团参观北京大兴国际机场以及“伟大历程　辉煌成就——庆祝中华人民共和国成立 70 周年大型成就展”。蔡奇指出，要深化拓展京津交流合作，创新合作发展体制机制，加强疏解北京非首都功能对接合作，推动区域高质量发展。依托大兴国际机场临空经济区，深化京津口岸合作，携手优化营商环境，推动更高层次的对外开放。统筹推进跨区域交通基础设施建设，打造“轨道上的京津冀”。充分发挥科技创新的引领作用，抓好天津滨海—中关村科技园等创新平台建设，实现两地优势互补、良性互动。

同日 第二十二届中国北京国际科技产业博览会闭幕。据不完全统计，本届科博会期间共有技术交易、产业合作签约、交易项目 88 个，总金额 286.01 亿元人民币。其中，京津冀三地签署 52 个产业合作项目，计划投资额约 150 亿元。

10 月 28 日 第十一届北京市体育大会落幕。其间举行的京津冀风筝精英赛，进一步加强了京津冀赛事交流和国际交流活动。

同日 北京理工大学—唐山市人民政府合作办学协议签约暨北京理工大学唐山研究院揭牌活动在北京理工大学举行。

10 月 29 日 北京财贸职业学院廊坊校区在坐落于河北省三河市的廊坊燕京职业技术学院揭牌。两校签订《职业教育协同发展合作协议》，标志着京津冀职业教育合作迈入全面发展的新阶段。

同日 2019 年通州区金秋招聘月专项活动暨通州区北三县合作（宋庄镇）专场招聘会活动举办。旨在加快落实通州区与三河市签订的《公共就业服务机构协作（合作）协议》，推进京津冀公共就业服务一体化发展。

11 月

11 月 1 日 以“服务国家创新战略、加速科技成果转化”为主题的 2019 京津冀石墨烯大会在北京房山区举行。大会展示 10 省市 50 余家机构近 70 项石墨烯应用科技成果。北京首家中英石墨烯成果孵化中心挂牌成立。

11 月 2 日 由永定河流域投资有限公司与中咨海外咨询有限公司共同主办的 2019 首届永定河论坛在京召开。论坛以“流域综合治理与生态修复”为主题，深入探讨流域综合治理与可持续发展新理念、新思路，深化政企合作模式，推动流域协同治理。

11 月 5 日 京津冀协同发展统计监测协调领导小组

办公室发布 2018 年京津冀区域发展指数。测算结果显示，2018 年京津冀区域发展指数为 160.13，比上年提高 6.14 点。其中，共享发展指数最高且上升趋势最为明显，创新发展指数和绿色发展指数呈稳步提升趋势，三个分指数分别为 248.27、158.27 和 146.84，是推动京津冀区域发展指数上升的主要力量；协调发展指数和开放发展指数分别为 122.08 和 125.17。

11 月 6 日 京津冀中小企业服务一体化发展大会在北京中关村软件园国际会议中心举办。

11 月 9 日 京保消费扶贫暨产业扶贫合作招商推介会举行。京保农特产品消费扶贫馆在北京新发地国际农产品会展中心正式揭牌。保定市政府与北京新发地、首农食品集团签订农产品供销协定。

11 月 14 日 河北省邯郸北科创新中心正式成立。北京市科学技术研究依托优势科创资源，与邯郸市深度对接，助力当地传统产业升级。

同日 北京市应急管理局、天津市应急管理局、河北省应急管理厅签署《京津冀救灾物资协同保障协议》。三地将搭建救灾物资管理一体化信息保障平台，实现京津冀救灾物资全过程信息化管理，并确定跨省市物资应急援助响应程序，就近快速实施物资保障。

11 月 19 日 北京市水务局、河北省生态环境厅共同召开密云水库水源保护 2019 年度联席会，原则审议通过京冀密云水库水源保护共同行动方案。京冀将携手实施生态保水、执法保水、科技保水、工程保水、河长制保水五大行动，共同保护好密云水库。

11 月 21 日 2019 年京津冀科技资源信息共享与协同发展论坛在北京举行。论坛由北京市科学技术研究院、中国科学院计算机网络信息中心主办，以“资源融合 · 数据驱动 · 创新共享 · 聚力发展”为主题。

11 月 21 日—22 日 2019 年京津冀体育产业大会举行。本次大会由北京市体育局主办，天津市体育局、河北省体育局联合主办，以“开放 · 合作 · 共享”为主题，就京津冀三地体育产业发展趋势等进行深入交流和探讨，并对体育产业资源重点项目进行现场路演和专场对接。

11 月 22 日 京津冀食品检验检测技术创新联盟在石家庄成立。京津冀三方共同签订《京津冀食品检验检测技术创新联盟合作框架协议》，将推动互认，统一京津冀三地食品检验参数、检验方法和判定依据，实现重点风险指标检验结果互认和检验过程可追溯。

同日 北京市工艺美术高级技工学校曹妃甸实训基地在河北省唐山市曹妃甸国际职教城正式启动运行。

11 月 29 日 京津冀三地应急厅（局）在天津召开京津冀应急救援协作联席会议。根据《北京市天津市河北省应急救援协作框架协议》，三地将建立京津冀联合救援处置机制，整合三地专业应急力量和社会资源，提升跨区域协同应对突发事件能力。

本月 市纪委市监委召开北京市支持雄安新区建设承担任务进展情况汇报会。会议印发《北京市支持河北雄安新区建设监督工作方案》，听取 14 家承担支持雄安新区建设任务的牵头单位任务进展情况、问题建议和工作计划等汇报。会议要求，全力以赴抓好战略合作协议任务的落实落地。以首善标准贯彻落实习近平总书记重要讲话精神，做好交通基础设施规划建设、高品质公共服务建设、工程建设等项目；全面落实任务；加强沟通协作；积极借鉴经验，建立常态化合作交流机制。加强对支持雄安新区建设工作的监督检查。

12月

12月3日 北京2022年冬奥会重点工程项目之一——北京冬奥村主体结构完成封顶。该项目将在赛时为各国运动员及随队官员提供住宿、餐饮、医疗等保障服务，赛后将作为北京市人才公租房，面向符合首都城市战略定位的人才配租。

12月7日 蔡奇到城市副中心运河商务区调研，并检查2019年以来调研任务落实情况，强调要深入贯彻习近平总书记视察北京重要讲话精神，抓住机遇、保持耐心，稳扎稳打、步步为营，一年一个节点，推进城市副中心高质量发展，努力建设新时代城市建设发展的典范。陈吉宁一同调研。

12月8日 北京台资企业协会青年会在京举办京津冀台湾青年嘉年华活动，160余位京津冀台青年参加活动。

12月9日 市委市政府召开专家学者征求意见会，就做好2020年重点工作听取意见建议。蔡奇主持会议并讲话，强调要以疏解非首都功能为“牛鼻子”，推动京津冀协同发展，实现产业链在更广阔空间布局，推进区域经济一体化。陈吉宁、李伟、吉林出席。

12 月 13 日 市政府党组召开会议，学习贯彻中央经济工作会议精神。会议强调，2020 年政府各项工作，要深入贯彻落实习近平总书记视察北京重要讲话和中央经济工作会议精神，坚定不移贯彻新发展理念，不折不扣落实新版城市总规，把握好“都”与“城”的关系，牢牢抓住疏解非首都功能这个牛鼻子，增强减量发展的决心信心，推动城市更新和首都高质量发展。要坚定不移推进科技创新，着眼京津冀协同发展大格局，着力提高首都高质量发展的辐射带动作用。

12 月 14 日 由北京市直机关工委举办的第三届京津冀机关党建研讨会在北京城市副中心召开。

12 月 20 日 中国共产党北京市第十二届委员会第十一次全体会议召开。全会深入学习贯彻中央经济工作会议精神，总结 2019 年工作，研究部署 2020 年任务。蔡奇讲话。全会强调，2020 年重点抓好十个方面工作。一是继续大力加强“四个中心”功能建设、提高“四个服务”水平。二是深入推进以疏解非首都功能为“牛鼻子”的京津冀协同发展。三是坚决打好三大攻坚战。四是扎实推动经济高质量发展。五是全面深化改革扩大开放。六是切实保障和改善民生。七是提高城市治理水平。八是全力确保首都安全稳定。九是扎实做好 2022 年北京冬奥会和冬残奥会筹办工作。十是推动全面从严治党向纵深发展。

12 月 30 日 北京至张家口高速铁路（简称京张高铁）

开通运营，崇礼铁路同步建成投用。张家口至北京最快运行时间将由 3 小时 7 分钟压缩至 47 分钟。28 日，京张高铁、崇礼铁路动车组列车车票开始发售。

12 月 31 日　国家速滑馆屋面单元板和外立面曲面幕墙单元全部安装完成，实现封顶封围，“冰丝带”整体亮相。国家速滑馆工程位于奥林匹克森林公园南园西北侧，北京 2022 年冬奥会期间承担速度滑冰项目比赛。

本年　京津冀实现地区生产总值约 8.5 万亿元。其中，北京、天津、河北地区生产总值分别为 35371.3 亿元、14104.3 亿元和 35104.5 亿元，按可比价格计算，分别同比增长 6.1%、4.8% 和 6.8%。

2020年

1月

1月6日 蔡奇乘坐京张高铁列车调研运营情况，强调要认真贯彻落实习近平总书记对京张高铁开通运营的重要指示精神，并以此为契机，进一步压实责任，高标准高质量推进北京冬奥会各项筹备工作，确保办成一届精彩、非凡、卓越的奥运盛会。陈吉宁一同调研。

1月7日 北京城市副中心举办首场新闻发布会，介绍城市副中心规划建设的最新成果，以及副中心站综合交通枢纽、城市绿心、三大文化建筑、北京学校等重点工程建设情况。

1月8日 市委常委会召开会议，研究《北京市“疏解整治促提升”专项行动2020年工作计划》等事项。会议指出，专项行动是贯彻落实京津冀协同发展战略、治理“大城市病”、优化首都功能、提升人居环境品质的重要抓手。要继续在深化疏解、强化整治、优化提升上下功夫，更加精准、更有效、更高质量推进专项行动。

1月13日 蔡奇到北京市第十五届人大三次会议通州代表团，与大家一起审议政府工作报告，强调通州区作为城市副中心的建设者、创业者、开拓者，要肩负使命，自加压力，万众一心加油干，共同建设美好家园。抓好重要功能节点建设。坚持一年一个节点，有序拉开城市框架。

同日 市政协分别围绕2022年北京冬奥会和冬残奥会筹办工作视察活动等召开专题协商会。

1月14日—18日 当地时间，2020年“欢乐中国年 魅力京津冀”活动先后亮相多米尼加圣多明各和美国洛杉矶，在当地掀起“中国新年热”和“2022北京冬奥热”。

1月16日 陈吉宁到北京市第十五届人大三次会议大兴代表团参加审议，强调大兴区要更好发挥北京大兴国际机场新动力源的作用，对标国际服务贸易发展新趋势，加快打造航空枢纽，高标准推进临空经济区、自贸试验区、综合保税区“三区”建设。

同日 市政府新闻办、市商务局及中国（河北）自由贸易试验区大兴机场片区（北京大兴）管理委员会联合召开新闻发布会，集中发布大兴机场片区北京区域首批制度创新清单。清单赋予大兴机场片区更多改革自主权，将吸引高端高新产业和人才聚集，推动京津冀协同发展。大兴机场片区北京区域将进入实质建设阶段。

1月18日 蔡奇到北京大兴国际机场临空经济区调查研究。他指出，习近平总书记在新年贺词中提到，“北京大兴国际机场凤凰展翅”，对我们是极大鼓舞和鞭策。要紧紧抓住大兴国际机场作为国家发展新动力源的机遇，高水平推进临空经济区规划建设，努力将其打造成为国际交往中心功能承载区、国家航空科技创新引领区、京津冀协同发展示范区。陈吉宁一同调研。

同日 北京市人民政府、河北省人民政府、生态环境部共同印发实施《潮河流域生态环境保护综合规划（2019—2025年）》。规划以“加强生态空间管控”“控制河流总氮浓度”为重点，进一步保护好密云水库，增强潮河流域水源涵养能力。

1月19日 蔡奇到城市副中心调查研究。他强调，习近平总书记在新年贺词中肯定“北京城市副中心生机勃发”，这对城市副中心建设者是个极大鼓舞和鞭策，也对城市副中心规划建设提出殷切期望。在新的一年，要深入贯彻习近平总书记对城市副中心规划建设重要讲话和指示精神，坚持以人民为中心的发展思想，倍加努力加油干，继续保持城市副中心生机勃发的好势头。陈吉宁一同调研。

1月23日 生态环境部公布2019年全国环境空气质量状况，京津冀及周边地区“2+26”城市PM2.5浓度为57微克/立方米，同比下降1.7%；优良天数比例为53.2%。

1月26日 受新冠肺炎疫情影响，即日起，所有进出北京的省际客运及省际旅游包车全部停运，严控疫情通过道路客运传播。1月28日起，北京铁路局对部分旅客列车采取临时停运措施，包括北京西站、天津、石家庄、邯郸等多个车站的43趟车次以及59趟京津城际车次。

1月30日 陈吉宁以“四不两直”方式在北京城市副中心检查新冠肺炎疫情防控工作，强调全市社区、村要动员起来，把疫情防控责任落实到人，把城市运行服务保障落实到位，切实保障群众日常生活，努力将节后返京人员流动带来的疫情风险降到最低。

2月

2月1日　蔡奇以“四不两直”方式到大兴区的京台高速公路检查站和青云店镇等地，检查新冠肺炎疫情防控工作。强调随着节后大人流错峰返京，疫情防控工作进入关键阶段，要坚持关口前移，严格进京检查，坚决守住疫情防控阻击战的最前线，守护好市民健康安全的第一道防线。

2月3日　市政府以电视电话会议形式召开常务会议，研究《2020年北京城市副中心重大工程行动计划》等事项。会议指出，北京城市副中心是京津冀协同发展“一核两翼”的重要组成部分，要按照新版北京城市总规和副中心控制性详规要求，坚持高质量发展这条主线，扎实推进重大工程建设，为推动全市经济社会发展提供有力支持。要做好项目统筹协调，加大政策支持力度，严格控制成本，结合实际，抓好建设资金、项目进度、区域发展等多方面统筹，提高建设效益。要总结推广前期好的经验做法，对重大项目提前谋划、不断深化，强化市区统筹、部门协同，积极吸引社会资本参与，为推动城市副中心高质量发展奠定坚实基础。

2月5日　市委常委会召开会议，听取关于疫情对全市经济运行影响分析及第一季度经济调度工作汇报等事项。会议指出，疫情防控是当前最重要的工作，必须全力以赴抓好。与此同时，要发挥有效投资稳增长的关键作用，城市副中心、冬奥会、轨道交通、保障房等重大项目要按计划开工。稳定居民消费，引导扩大健康类消费，释放消费潜力。

2月5日 市扶贫协作和支援合作工作领导小组召开会议，审议市扶贫支援工作2019年总结及2020年重点，听取各指挥部和挂职干部团队的工作汇报。会议强调，要坚持首善标准，高质量完成任务。聚焦精准脱贫，与京津冀协同发展、区域生态保护补偿机制、筹办冬奥会等有机结合，在健康扶贫上下功夫，聚焦深度贫困县解决“两不愁、三保障”[①]突出问题。咬定目标、一鼓作气，坚决助力受援地区打赢脱贫攻坚战。

2月7日 北京市推进京津冀协同发展领导小组会议召开。会议审议北京市推进京津冀协同发展2020年工作要点、支持雄安新区提升公共服务水平工作初步意见等事项。蔡奇强调，疫情防控是当前最重要的工作，群防群治需要京津冀协同努力。2020年是京津冀协同发展中期目标节点之年，要切实把思想和行动统一到习近平总书记关于京津冀协同发展的一系列重要指示精神上来，充分发挥“一核”的辐射带动作用，持续增强与津冀联动，推动京津冀协同发展迈出新步伐。会议强调，要加强京津冀地区

---

① “两不愁”，指稳定实现农村贫困人口不愁吃、不愁穿；“三保障”就是保障其义务教育、基本医疗和住房安全，是农村贫困人口脱贫的基本要求和核心指标。

应对新冠肺炎疫情工作的联防联控，要紧紧抓住疏解非首都功能这个“牛鼻子”，以减量倒逼集约高效发展，在更大范围优化配置资源要素。要求高质量推动城市副中心规划建设发展，落实好协同发展重点领域任务，加强统筹协调，完善工作机制，及时解决跨地区跨部门的问题，推动各项任务落实。陈吉宁出席。

2月8日　市新型冠状病毒感染肺炎疫情防控工作领导小组召开第十八次会议，进一步调度疫情防控工作。会议要求，建立京津冀地区应对疫情工作协调机制，加强联防联控联治，引导三地人员有序流动。

2月9日　蔡奇调研检查城市副中心重点建设项目复工复产和疫情防控工作，强调疫情防控是当前最重要的工作，要坚定战胜疫情的信心，在落实落细各项防控措施的同时，推动企事业单位安全有序复工复产，保持经济平稳运行。当日，北京城市副中心剧院、图书馆、博物馆、综合交通枢纽项目复工。

2月10日　习近平在北京调研指导新冠肺炎疫情防控工作，听取北京市疫情防控工作情况汇报，并发表重要讲话。按照习近平总书记关于“加强京津冀地区联防联控”的要求，京津冀三地迅速建立京津冀新冠肺炎疫情联防联控联动工作机制，出台联动机制工作方案，在人员流动引导、交通通道防疫、防疫物资保障、生活物资保障、企业复工复产等方面建立更加紧密的专业部门对接机制。三地协同办持续发挥协同平台的作用，针对跨省通勤人员，协调北三县及固安等环京六个区县通过“一信、一卡、一证”等方式，方便通勤人员出行，保障出入便利；积极推动环京周边地区实现通勤人员14天隔离政策统一标准、政策互认；推动奔驰、小米、京东方等在津冀的供应链配套企业复工复产，切实把统筹推进疫情防控和经济社会发展各项工作抓实抓细抓落地，取得积极成效，实现疫情防控和协同发展工作“两不误”。

2月14日 市委常委会召开会议，研究2020年北京城市副中心重大工程行动计划等事项。会议指出，城市副中心在全市发展盘子中占据重要分量。要统筹疫情防控与复工复产，做到两手抓、走在前。毫不松懈抓好疫情防控工作，做好返京返岗员工健康管理，对工地实行集中封闭管理，落实好体温检测、佩戴口罩、环境消毒等各项防护措施。要聚焦重大项目，发挥投资的关键支撑作用，确保完成重要功能节点建设任务。年内实现城市绿心建成开放、广渠路东延通车，环球主题公园一期竣工，抓好行政办公区二期、运河商务区、文化旅游区、三个特色小镇、台马科技板块等重点区域项目建设。始终把项目质量放在第一位，全力打造一批精品工程，提升城市功能和品质，打造城市副中心质量。注重保障改善民生，继续推进老城“双修”。做实项目储备，夯实前期工作，加强成本管控，加大资金、政策支持力度，注重发挥市场的力量。做实做细综合协调和投资调度，加大督查力度。抓紧向城市副中心赋权等工作。

2月19日 市委审计委员会召开第五次会议。会议强调，审计工作要紧扣全面建成小康社会目标任务。加强对供给侧结构性改革、三大攻坚战、北京城市副中心、北京2022年冬奥会和冬残奥会、北京大兴国际机场等重大政策措施贯彻落实、重点领域、重点民生资金项目审计，做好常态化“经济体检”。

2月20日 市新冠肺炎疫情防控工作领导小组召开第二十九次会议，研究了京津冀疫情防控健康状况互认的具体办法。

2月22日 中国共产党北京市第十二届委员会第十二次全体会议召开。全会审议通过《首都功能核心区控制性详细规划（街区层面）（2018年—2035年）（送审稿）》，全会强调，要坚定不移疏解非首都功能。严控增量，下更大力气疏解存量，提高疏解的协同性和整体性，切实把人口、建筑、商业、旅游“四个密度”降下来。推动传统商业区转型升级，加强旅游秩序管理，努力让核心区静下来。

2月25日 市政府以电视电话会议形式召开常务会议，研究由北京城市副中心管理委员会行使部分市级行政权力的工作等事项。会议指出，赋予副中心管委会相关领域的市级职权，是加快推进副中心建设的重要举措。部分市级行政权力下放后，副中心管委会和通州区要做好承接，进一步深化改革、优化服务，提高行政效率。市级有关部门要加强指导、积极支持，强化协同联动。要及时总结经验做法，细化完善工作措施，不断提高管理服务效能。

2月28日 市委全面深化改革委员会召开第十次会

议，传达习近平总书记在中央全面深化改革委员会第十二次会议上的重要讲话精神，审议《北京市政法领域全面深化改革任务分工方案（2020—2023年）》等事项，强调要围绕京津冀协同发展、北京冬奥会冬残奥会筹办、优化营商环境等重点任务，强化政法机关服务保障职能。

本月　城市副中心58项重点工程复工，在岗建设者达1.1万余人。

本月　国家速滑馆、国家游泳中心、国家高山滑雪中心、延庆冬奥村、延庆山地新闻中心等北京冬奥工程按计划有序复工，确保按期完成冬奥工程建设任务。

3月

3月2日　市委常委会会议暨北京新冠肺炎疫情防控工作领导小组第三十六次会议、首都严格进京管理联防联控协调机制第六次会议召开。会议强调，要加快推进“北京健康宝”应用，实现京津冀健康互认。

3月4日　市委常委会会议暨北京新冠肺炎疫情防控工作领导小组第三十八次会议召开。会议强调，要完善京津冀联防联控机制，在人员流动引导、交通通道防疫、企业复工复产等方面加强协调联动。

3月17日　国家发展改革委发布《北京市通州区与河北省三河、大厂、香河三县市协同发展规划》。按照规划，通州与北三县将立足服务京津冀协同发展大局，以北京城市副中心建设为统领，着力打造国际一流和谐宜居之都示范区、新型城镇化示范区、京津冀区域协同发展示范区。

同日 陈吉宁以“四不两直”方式到延庆区检查冬奥会工程疫情防控、项目复工和世园会园区设施会后利用等情况，强调要紧紧抓住冬奥会筹办和北京世园会园区可持续利用的重要机遇，高水平谋划布局，统筹推进疫情防控和经济社会发展工作，做细做实方案措施，以扎实有力的工作举措，奋力夺取疫情防控和实现经济社会发展目标双胜利。

3月19日 北京银保监局下发《北京市保险支公司及以下机构和高级管理人员备案管理办法》。《办法》明确规定，省级分公司在京设立的电销中心和在京完成跨京津冀区域经营备案后设立的分支机构，营业地址变更和任职资格核准事项参照执行备案制度，促进保险业京津冀一体化发展。

3月20日 蔡奇到城市副中心城市绿心施工现场检查复工复产。他强调，一年之计在于春，要在抓好疫情防控的前提下，积极有序推动复工复产，高质量推进重点项目建设，城市副中心要走在全市前列，如期把城市绿心建成首都生态文明建设“金名片”。

3月23日 《北京市人民政府关于由北京城市副中心管理委员会行使部分市级行政权力的决定》公布。4月14日，首批赋予城市副中心管委会的30项职权正式生效。赋权包含两个清单，分别是《由北京城市副中心管理委员会行使的市级行政权力事项目录》17项、《由北京城市副中心管理委员会行使的其他事项目录》13项。本次赋权由副中心管委会下设的发改局、规自局、建管局分领域具体承接。

同日 光环新网、合勤基金、华润电力等 23 个重点项目以网络连线方式签约天津宝坻京津中关村科技城，总投资 151 亿元，其中 11 个项目来自北京。

3 月 24 日 市政府以电视电话会议形式召开常务会议，研究京雄高速公路（北京段）、大兴国际机场北线高速公路西延及东延工程等事项。

3 月 26 日 市冬奥会监督工作领导小组以视频形式召开第二次会议，总结 2019 年冬奥会监督工作经验，研究部署 2020 年监督工作任务。会议强调，要进一步提高政治站位，聚焦习近平总书记重要指示批示精神，强化政治监督；严把工程质量关，严控办奥成本，统筹推进疫情防控和冬奥工程建设。陈雍主持。

3 月 27 日 北京新冠肺炎疫情防控工作领导小组第四十九次会议暨首都严格进京管理联防联控协调机制第十六次会议召开。会议强调，要在做好防疫前提下，积极有序推进复工复产。加强京津冀健康互认，推广应用“健康宝”，解决好京津冀人员通勤问题。

本月 市统计局发布数据显示，京津冀发展水平稳步提升。从经济总量看，2019 年京津冀地区生产总值合计 84580 亿元，比上年增长 6.1%。从城镇化水平看，京津冀地区城镇化率为 66.7%，比上年提高 0.8 个百分点。

4 月

4 月 7 日 京津冀协同发展的重大基础设施项目之一

津兴铁路一期工程开工建设。津兴铁路全线设北京大兴国际机场、固安东、天津西等站，全长 100.6 公里。建成后实现北京大兴国际机场与天津的直接连通，进一步完善北京国际大兴机场快速客运网络，北京大兴国际机场和天津、雄安新区将实现半小时以内通达。

同日 北京市商务局、北京海关与天津市商务局、天津海关等部门联合推出第七批促进跨境贸易便利化改革创新措施，发布《关于深化京津口岸营商环境改革进一步促进 跨境贸易便利化若干措施的公告》。从五个方面推出 18 项改革措施。

4 月 8 日 京津冀三地同时发布《医学检验危急值获取与应用技术规范》《五米以下小型船舶检验技术规范》两项京津冀区域协同标准，至此，京津冀区域协同标准累计达 54 项。《五米以下小型船舶检验技术规范》于 2020 年 7 月实施。

4 月 12 日 北京大兴国际机场 2020 年第二批转场工作正式启动。南航计划陆续将首都国际机场运行的部分航班转场至大兴机场，达到在京运行总量的 60%。

4 月 14 日 首都规划建设委员会召开第三十九次全体会议，学习贯彻习近平总书记关于首都规划建设的重要指示精神，研究审议《首都功能核心区控制性详细规划（街区层面）（2018 年—2035 年）（送审稿）》，部署首规委 2020 年重点工作。会议要求，抓好首规委 2020 年重点工作落实，深入实施新版北京城市总体规划，加强“四个中心”功能建设，提高“四个服务”水平，统筹好疫情防控和首都规划建设工作，推动京津冀协同发展。

同日　市政府召开常务会议，研究全市污染防治攻坚战一季度进展情况等事项。会议指出，要深化区域协同，加强联防联控，结合京津冀及周边地区污染源变化趋势特点，积极沟通协调，增强工作合力，更好地推动区域生态环境质量提升。

4月16日　市委常委会召开会议，研究一季度全市经济社会发展形势等事项。会议指出，要加快城市副中心建设，推进市郊铁路、轨道交通等投资建设。

4月18日　北京市五部门研究制订《关于做好复工复产疫情防控常态化工作的通告》。根据通告，实行京津冀区域健康状态互认，相关进出京人员通过“北京健康宝”进行京津冀行程记录验证，申请“未见异常”健康状态。市域内公共区域、公共交通、社区（村）复工复产也可凭码通行。市民去天津、河北出游，在“北京健康宝”的“未见异常”健康状态的情况下，回京后无需隔离。

4月20日　永定河流域北京段生态补水工作启动。5月17日，2020年永定河生态补水的水头抵达天津武清区，至此，永定河生态补水不仅让北京段和干涸断流25年的河北段全线有水，还顺利进入天津境内，实现京津冀三地的水路连通。

4月22日　市委常委会召开会议，听取北京冬奥会监督工作情况汇报等事项。会议指出，要深入贯彻习近平总书记关于“廉洁办奥”重要指示精神，进一步抓紧抓实冬奥会监督工作，让冬奥会像冰雪一样纯洁干净。压实冬奥筹办各单位党委（党组）“廉洁办奥”主体责任，做好疫情常态化防控下的监督工作。加强对冬奥工程建设的监督检查，强化对测试赛运行的监督，监督要向赛区、场馆、项目延伸，为冬奥筹办顺利推进提供坚强纪律保障。

同日 市政府统计系统工作会议召开。会议指出，2019 年，市统计局深入推进京津冀协同发展统计监测，出台《京津冀协同发展统计监测三年工作方案（2019 年—2021 年）》，制定《北京大兴国际机场统计管理办法（试行）》，测算并发布京津冀区域发展指数，推进城市副中心与廊坊北三县公共服务共建共享研究。

4 月 26 日 蔡奇到城市副中心调研，检查复工复产情况，研究推进台马地区发展。他强调，台马地区是城市副中心科技创新功能的重要承载地，也是北京经济技术开发区高质量发展的新空间，要在常态化疫情防控中全面推进复工达产，推动台马地区高质量发展。陈吉宁一同调研检查。

同日 2020 年大兴国际机场第三次转场开启。按计划，东航每日 57 班航班逐步从首都机场转至大兴机场，转场后东航及旗下上海航空、中国联合航空 66% 以上在京航班将在大兴机场运行，成为在大兴机场投入运力最多的航空公司。

4 月 27 日 蔡奇到市发展改革委调研北京市“十四五”规划编制工作并主持召开座谈会，强调要大力实施京津冀协同发展战略，牢牢抓住疏解非首都功能这个“牛鼻子”，坚定不移推进疏解整治促提升，在更大范围和空间优化配置资源，加强产业链协同布局，打造以首都为核心的世界级城市群。

同日 市生态环境局发布《2019年北京市生态环境状况公报》显示，区域联防联控成效显著。在京津冀及周边地区大气污染防治领导小组指导下，北京市积极参与区域大气污染联防联控工作。京津冀三地共同研究机动车和非道路移动机械排放污染防治地方立法，实现协同立法、同步审议、同步实施。京冀稳步实施密云水库上游横向生态保护补偿协议。京津冀三地联合发布重点流域突发水环境污染事件应急预案。密云—怀柔—承德、房山—保定、通州—武清—廊坊等相邻地、市加强联动协作，促进区域流域协作下沉。

同日 机动车和非道路移动机械排放污染防治条例实施京津冀联合新闻发布会在北京召开。发布会以视频形式进行，三地分设视频会场，40余家中央及京津冀地方媒体以现场或视频连线形式参与报道，为三地实施法规、协同治理大气污染打赢蓝天保卫战营造良好舆论氛围。

同日 创新中国行——京津冀百家企业云上交流会举行，来自京津冀三地的生物医药、信息技术、科技服务、科技金融等领域百位企业家连线交流，对接需求、共话发展。

同日 市食品药品安全委员会公布《北京市2020年食品药品安全重点工作安排》，包括完善京津冀食品安全联合检查协作机制等年度重点任务。

4月29日 北京大学邯郸创新研究院与邯郸市邯山区

签约，双方将合作建立生命科技研究中心产业基地。

4 月 30 日 北京大兴国际机场北线高速公路河北廊坊段通车，从廊坊市区到北京大兴国际机场只需 20 分钟。

本月 北京大兴国际机场临空经济区（河北部分）三个控制性详细规划和 13 个专项规划发布，形成全域覆盖、分层管理、分类指导、多规合一的高质量规划体系。北京大兴国际机场临空经济区涉及京冀两地，位于京津冀区域以及北京中心城区、北京城市副中心、河北雄安新区的地理中心，同时位于北京南中轴延长线上。规划期限近期至 2025 年，远期至 2035 年，规划范围包括航空物流区和科技创新区。

本月 《北京市园林绿化专项规划》获得北京市优秀城乡规划二等奖。市园林绿化局依托获奖规划成果，进一步梳理优化京津冀绿色空间协同发展，加快各类规划落地实施。

本月 北汽福田、中石油北京分公司、亿华通达成合作意向，共同推进北京市加氢站建设及运营，服务好北京冬奥会，为京津冀地区氢燃料电池汽车大规模商业化运营提供广阔发展空间。

5 月

5 月 1 日 北京市、天津市、河北省同时实施《机动车和非道路移动机械排放污染防治条例》，这是京津冀区域协同立法工作的标志性成果，也是全国首部污染防治领域区域性协同立法。6 月 11 日，三地人大常委会启动执法检查，采取京津冀三地分别自查与联合调研相结合的方式，重点围绕配套性文件制定、三地协调机制的建立完善、机动车超标排放协同监管执法等情况开展检查。9月3日，京津冀三地人大常委会调研组先后赴天津武清、河北廊坊、北京大兴开展《机动车和非道路移动机械排放污染防治条例》联合执法检查调研，推动三地执法信息共享、标准统一、结果互认、管理贯通，共同打赢污染防治攻坚战。

同日 市疾控中心发布健康出行提示，建议市民“五一”假期出行以京郊和京津冀周边短途旅游为宜，以室外活动为主，以家庭游为主，不建议长途旅游，不建议多人聚会，不建议国际旅行，不要前往疫情仍严重的境外国家和地区。

5月6日 蔡奇到城市副中心调研张家湾镇规划建设，强调特色小镇是城市副中心规划建设的亮点所在，张家湾镇是千年漕运古镇，要坚持古今交融，突出设计特色，高标准高起点规划建设，打造一流的特色小镇。

5月8日 蔡奇以视频形式会见美国康卡斯特集团董事长兼首席执行官罗伯兹和美国环球主题公园及度假区集团董事长威廉姆斯。感谢康卡斯特集团对北京防疫工作和北京环球项目建设的支持，并指出，环球主题公园是北京城市副中心的重大建设工程，也是中美经贸合作标志性项目。希望双方共同努力，建设国际一流的主题公园，打造北京文化旅游新地标。

5月12日 市郊铁路副中心线西延开工。城市副中心线西延至良乡站，加强房山与中心城区、城市副中心的快速轨道交通联系。

5月14日 国际奥委会、国际残奥委会和北京冬奥组委同步正式发布《北京2022年冬奥会和冬残奥会可持续性计划》。该计划由北京冬奥组委会同北京市政府、河北省政府联合研究制订，是指导北京冬奥会可持续性工作的纲领性文件，将贯穿北京冬奥会和冬残奥会赛事筹办全过程。

5月16日 中国共产党北京市第十二届委员会第十三次全体会议召开，审议通过《关于加强首都公共卫生应急管理体系建设的若干意见》。全会强调，各级各部门各单位共同织密织牢公共卫生安全防护网，将公共卫生安全纳入京津冀一体化合作框架。

同日 市政府党组召开会议，强调要落实常态化防控要求，加强与津冀等周边省区市配合，紧盯重点部位和关键环节，全力做好全国两会期间疫情防控。

5月19日 北京市"十四五"规划编制专家咨询委员会成立并召开第一次专家座谈会。蔡奇出席并讲话强调，"十四五"规划是推动京津冀协同发展的五年规划。协同发展正处于关键阶段，北京要在更大范围优化配置资源，在疏解中保持城市活力，促进区域共同发展，重在推动三地形成一体化的市场体系、政策环境和体制机制，打造世界级城市群。

5月20日 京津冀三地共同编制发布《城市综合管廊监控与报警系统安装工程施工规范》《城市综合管廊工程

资料管理规程》，标志着京津冀城市综合管廊工程建设有了“同一把尺子”。

5月27日 国家体育总局冬季运动管理中心综合训练馆竣工，成为2020年第一个竣工的冬奥会新建场馆。

5月31日 位于北京市丰台区中车二七厂内国家冰雪运动训练科研基地西区一期整体完工，速滑馆、轮滑馆和运动员公寓均可投入使用。国家冰雪运动训练科研基地建成后，初期将作为国家队备战北京2022年冬奥会的训练大本营，远期将形成面向大众普及冰雪运动的综合型文化地标。

本月 京雄高速公路主体施工全面展开。复工率100%。京雄高速公路是北京中心城区、北京大兴国际机场连接雄安新区最便捷的高速公路通道，它的建成对完善雄安新区对外骨干路网，推动京津冀协同发展交通一体化进程具有重要意义。

本月 城市副中心12处新建公园建成开放，包括西海子公园（二期）、马驹桥湿地公园、东南郊湿地公园（二期）、台湖万亩游憩园（二期）、通州区东堡公园等。至此，副中心共建成公园绿地34处。

本月 2020年京津冀线上运动打卡活动启动，满足群众在疫情期间参与体育健身活动的需求，京津冀地区居民可登录“北京健身汇”微信小程序参与走跑和骑行运动的线上打卡，赢取定制奖牌和电子证书。

本月 耗时三年的京津冀大气重污染成因及治理攻关项目完成。研究显示，超出环境容量50%以上的高强度排放，是京津冀及周边地区秋冬季大气重污染频发的根本原因。

本月 北京企业低碳运营战略研究基地对京津冀地区参与碳交易的制造业企业大规模调查研究结果发布。“十一五”以来，京津冀地区工业部门在可持续发展方面呈良好趋势，由于逐步淘汰落后产能，并采用新型节能技术，三地工业部门能源强度呈下降趋势。

本月 北京大学第三医院、北京协和医院等50家医院选派专科专家到河北对口医院坐诊，方便河北患者不出省就能享受北京优质医疗资源，减轻就医负担。

6月

6月3日 天津中关村科技园运营服务有限公司、中关村协创科技发展（天津）有限公司、北京中民嘉成投资管理有限公司分别签署《战略合作协议》，将在滨海—中关村协同创新示范基地共同建设运营京津冀科技网红孵化平台，打造电商孵化基地。

6月10日—11日 北京工美集团分别与河北保定易县、张家口蔚县人民政府签订战略合作协议。按照协议，借助北京工美集团技术、人才及市场优势，借助易县、蔚县工艺礼品产业工人加工能力及生产发展空间，在市场开发、国礼制作、技术提升、人才资源培养等方面，整合资源，实现互利双赢。

6月12日 市医保局公示《京津冀新型冠状病毒相关检测试剂联合采购实施方案》，北京市、天津市和河北省三地新型冠状病毒相关检测试剂将实施联合采购，并参照“3+N”医用耗材采购联盟模式，接受其他省市加入联盟，共同执行采购结果。

6月13日 蔡奇以“四不两直”方式到新发地批发市场检查疫情处置和防控工作，强调要加强与河北等周边市场联动，通过产地直供等方式，确保首都市场供应不受影响。

6月21日 《通州区大运河文化带保护建设规划》《通州区大运河文化带保护建设三年行动计划（2020年—2022年）》正式发布。

6月24日 第一届北京大兴国际机场临空经济区京冀联合推介会举办。推介会主题为“京冀协同　临空腾飞”，通过线上直播方式，面向全球知名企业展示临空经济区规划建设、产业布局、招商政策等内容，会上六个重大项目线上签约。

6月28日 市政府召开常务会议，研究《北京大兴国际机场临空经济区（北京部分）控制性详细规划（街区层面）》等事项。会议指出，要提高政治站位，切实把思想和行动统一到习近平总书记关于北京大兴国际机场建设的重要指示精神上来，高水平规划建设临空经济区，努力将其打造成为北京发展的新引擎、京津冀协同发展的新高地。坚持规划引领，加大改革力度，高质量推动规划落地实施。

6月29日 北京歌华有线电视网络股份有限公司、河北广电信息网络集团股份有限公司与北京冬奥组委签约，共同成为北京 2022 年冬奥会和冬残奥会官方有线电视服务供应商。

6 月 30 日 市郊铁路城市副中心线西延、通密线同时开通运营。至此，北京市郊铁路运营线路达到 4 条，市域内运营里程 353.5 公里，车站 22 座，市郊铁路发展初具规模。

本月 连接北京与河北的平谷线、东北部三区直达通州的市郊铁路京承线等四大轨道交通项目陆续启动建设，发挥投资带动效应，拉动沿线经济发展。

本月 通武廊市域（郊）铁路纳入《京津冀协同发展交通一体化规划修编》。继京津、京唐、京滨、津兴城际铁路之后，北京和天津之间将再添一条快速通道。

本月 京雄高速公路（北京段）用地预审已获批核发。这是北京市作为国务院委托用地审批试点省份批准的第一个相关项目。

7 月

7 月 2 日 “创客中国”首届京津冀中小企业创新创业大赛和“创客北京 2020”创新创业大赛正式云上启动，并在网上全程直播。这是全国第一个旨在促进中小企业跨区域协同发展的大赛，围绕交通协同、生态环保协同、产业协同、文化协同四个方面，发挥三地区位优势、产业优势及资源优势，推动打通跨区域创新链、金融链及服务链，助力三地中小企业实现向价值链高端的整体跃升。

7 月 4 日 2020 年首届“京津冀—粤港澳”先进制造

高端峰会在北京、广州、香港等地以线下线上联动方式举办。“京津冀—粤港澳数据要素合作区”正式启动建立，旨在推动京津冀、粤港澳跨区域大数据互联互通，促进数据要素产业化协同创新，带动先进制造、医药健康、新能源、新材料等产业数字化智能化升级。

7月9日 市重大项目办在北京冬奥会延庆赛区组织召开工程建设“决胜2020”动员会。延庆赛区是北京冬奥会建设难度最大的赛区，在无路、无水、无电的山区，从2017年开工建设，仅用三年时间建设起国内第一条雪车雪橇赛道及国内第一座符合奥运标准的高山滑雪赛场。

7月22日 北京大学第三医院秦皇岛医院项目正式开工。

7月23日 北京儿童医院保定医院儿童血液病与肿瘤精准诊治研究实验室、儿童感染性疾病精准诊治实验室揭牌，加强京保区域医疗合作。

7月24日 中国共产党北京市第十二届委员会第十四次全体会议召开。会议强调，要深入推进京津冀协同发展。坚定不移疏解非首都功能，持续抓好疏解整治促提升专项行动，配合支持在京部分企事业单位有序疏解转移，统筹用好腾退空间。高水平推动城市副中心规划建设发展，加紧重点工程建设，高标准推进重点功能区建设。落实好协同发展重点领域任务，主动支持雄安新区建设，抓好“交钥匙”项目，推进雄安新区中关村科技园规划建设。积极引导北京市龙头企业在津冀布局。

同日 由北京大学国际癌症研究院、天津医科大学肿瘤医院（国家肿瘤临床医学研究中心）、河北医科大学第四医院共建的京津冀肿瘤防治研究联合中心揭牌成立。中心成立后，三方将共建博士后工作站和专家工作站，制定博士生、博士后联合培养与定期交流的长效机制，加强高水平人才队伍的互相交流。

7 月 28 日 韩正主持召开京津冀协同发展领导小组会议，深入学习贯彻习近平总书记关于京津冀协同发展的重要讲话精神，研究部署下一阶段重点工作。他强调，要始终抓住疏解北京非首都功能这个“牛鼻子”，坚持一张蓝图绘到底，推动京津冀协同发展不断取得新进展；要在做好常态化疫情防控前提下，更加突出抓好重点任务、重大项目、重要政策。蔡奇参加。

同日 市经济和信息化局发布《2020 北京软件和信息服务业发展报告》。报告显示，北京软件和信息服务业在京津冀、长三角、粤港澳大湾区等国家重大战略区域持续布局，实现产业协同、技术协同、资本协同。2014 年以来，行业在津冀累计设立分支机构 2046 家，其中，2019 年为 220 家。京津冀联合创新成果丰硕，2011 年至 2019 年，北京软件企业参与三地联合创新的企业主体数量达 2178 家。

同日 大兴机场推出行李一站式服务——行李运送业务，范围可覆盖京津冀区域，实现旅客“轻出行”，解决旅客行李繁重、出行携带不便等问题。

本月 市发展改革委批复京雄高速公路（北京段）工程可行性研究报告。京雄高速公路全长约 100 公里，其中北京段长约27公里，北起南五环路，南至京冀界，与河北段相接，途经丰台区、大兴区、房山区。京雄高速公路北京段与河北段连通后，北京到雄安新区实现一小时通达。

本月 延庆综合交通服务中心（换乘中心）建设完成，换乘中心位于延庆火车站北侧，是集高铁、市郊铁路、公交、出租车、自行车及停车场等多种形式于一体的综合枢纽。冬奥会期间主要承担观众和部分注册人员的交通转换及服务功能。

8月

8月1日 北京市医保局发出《关于公布北京市首批开通京津冀异地就医普通门（急）诊直接结算业务试点定点医疗机构名单的通知》。北京协和医院、中日友好医院等四家三甲综合医院，纳入首批京津冀异地就医普通门（急）诊直接结算试点定点医疗机构范围。

8月3日 市人力资源和社会保障局出台《北京市职称评审管理办法》，并于本月起实施。该办法规定，在京津冀职称管理权限范围内，实行京津冀职称评审结果互认。经津冀人力资源社会保障部门批准设立的评委会评审或认定、由津冀职称管理部门核发的职称证书，在本市职称晋升、岗位聘用、人才引进、培养选拔、服务保障等领域与本市核发的职称证书具有同等效力。

8月17日—18日 京津冀联合交响乐团在天津大剧院举办两场“同心·绽放——京津冀交响乐艺术联盟大型

交响音乐会”。

8月19日 市委常委会召开会议听取关于京津冀协同发展有关工作情况汇报，研究《关于建立更加有效的区域协调发展新机制的实施方案》。

8月21日 北京市党政代表团赴河北省学习考察，蔡奇、陈吉宁与河北省有关负责同志座谈。蔡奇强调，要毫不松劲抓好京冀扶贫协作，助力河北高质量打赢脱贫攻坚战。要全力支持雄安新区规划建设，推动符合雄安新区定位的非首都功能疏解转移。不折不扣落实战略合作协议，推进雄安新区中关村科技园规划建设，引导更多北京科技创新资源在雄安新区布局发展，支持北京市属国企参与雄安新区规划建设。加强京雄两地互联互通，京雄高速北京段力争年内开工。要落实好京津冀协同发展各项任务。发挥联防联控联动工作机制作用，抓好常态化疫情防控和协同复工达产。有序推进交通重点项目建设，积极推进大运河京津冀段通航。巩固大气、水污染联防联控联治成果，协调推进永定河、潮白河等跨界河流综合治理与生态修复。探索促进京冀基本公共服务共建共享的合作机制。加强产业链供应链协同配套，深化产业政策衔接和园区共建，积极引导龙头企业在河北布局。推动城市副中心与廊坊北三县协同发展，抓好签约项目落地。共同推进北京大兴国际机场临空经济区规划建设，促进临空经济区、综保区、自贸试验区“三区”联动发展。要共同筹办好北京冬奥会冬残奥会。加强三个赛区统筹，保障年底的系列测试赛安全顺利举办。合力推进场馆和基础设施建设，建立健全冬奥会公共卫生、重大疫情防控工作方案和应急预案。以筹办冬奥为契机，推动冰雪运动普及发展。

8月21日—22日 北京市党政代表团赴天津市学习考察，蔡奇、陈吉宁与天津市有关负责同志座谈。蔡奇指出，要完善联防联控联动工作机制，健全区域公共卫生体系，共同抓好区域常态化疫情防控。要抢抓疫后机遇培育区域发展新动能，推动北京创新成果在天津落地转化，引导北京龙头企业在津布局，构建区域完备的产业链条。加强关键核心技术联合攻关和新产业新业态新模式合作。要继续加强滨海—中关村科技园、宝坻京津中关村科技城等重点平台建设，推动京津合作示范区东西区联动发展。要共同打造区域政策高地。合力优化营商环境，抓好京津冀三地政务服务“一网通办”试点。推动区域要素市场一体化，用好协同创新政策。要形成更高水平对外开放格局，深化京津口岸通关合作，推进北京空港、陆港与天津港的规划衔接和融合。要构建同城化交通网络，积极配合天津至北京大兴国际机场联络线建设，推进京滨、京唐城际铁路等建设，联手打造“轨道上的京津冀”。要进一步深化区域大气污染联防联控联治，持续推进京津风沙源治理二期工程。强化清洁能源供应保障。深化养老、医疗等公共服务方面的合作。

8月25日 北京交通大学雄安数字交通创新中心在雄安新区正式揭牌。这是第一个落地雄安新区的北京重点高校创新平台。

本月 北京市委教育工委、北京市教委、河北省教育厅（河北省委教育工委）、北京冬奥组委人力资源部、河北省冬奥办等单位联合印发《关于充分发挥高等学校人才优势　支持北京 2022 年冬奥会和冬残奥会筹办工作的指导意见》。提出充分发动高校力量，建立和完善冬奥人才工作体系，在人才培养、教育培训、志愿服务、科研攻关、文化传播等方面，全方位参与和服务冬奥筹办工作。

本月　京津冀人才中心在雄安新区共同签署《京津冀公共人才服务协同发展合作协议》。三地开展包括建立区域人才公共服务清单，融合三地人才服务标准和信息化建设标准；建立京津冀高层次人才信息库，探索建立区域人才培养市场化调节机制；促进京津冀人才服务信息共享，进一步简化办事流程等一系列工作，推动形成区域人才服务发展新格局。

9 月

9 月 1 日　北京九天微星科技发展有限公司的卫星研发制造基地项目在河北省唐山市开工。将建设国内第一个智能化、脉动式的卫星工业生产线，服务国家卫星互联网“新基建”。

9 月 8 日　北京市门头沟区和河北省张家口市涿鹿县举办“消费扶贫在行动，涿鹿特产走上百姓餐桌”活动，推动涿鹿獭兔进入北京市场。帮扶工作开展以来，涿鹿县共利用北京市帮扶资金 1.84 亿元，建设帮扶项目 82 个。

9 月 8 日—9 日　中国广电媒体融合发展大会以“共融 · 共生 · 共美好”为主题举行。经国家广电总局批准，北京、天津、河北三地广电局正式签署《京津冀新视听战略合作协议》，联合创建的中国（京津冀）广播电视媒体融合发展创新中心正式宣告成立，这是全国首个突破地域限制的广播电视媒体融合发展创新中心。

9月9日　京津冀政协主席联席会议第六次会议在天津召开，围绕“加强‘十四五’规划战略协同，促进京津冀协同发展”主题深入建言资政。

9月15日　2020年北京与河北廊坊北三县项目推介洽谈会举办。本次推介洽谈会以“协同创新、共享发展”为主题，由北京市发展改革委（北京市委市政府京津冀协同办）、河北省发展改革委（河北省京津冀协同办）、通州区人民政府、廊坊市人民政府共同主办，来自北京的33个项目签约落地北三县，聚焦养老服务、高新技术产业、医疗卫生等重点领域，意向投资额达215亿元。

9月16日　北京大兴国际机场固安城市航站楼正式启用，这是北京大兴国际机场首个跨省城市航站楼。

9月18日　第七次京津冀人大立法工作协同座谈会在天津召开。会议原则同意《京津冀人大常委会关于协同推进强化公共卫生法治保障立法修法工作的意见》，并就协同开展机动车和非道路移动机械排放污染防治条例执法检查情况进行交流研讨。10月12日，市十五届人大常委会第六十五次主任会议研究并通过了《京津冀人大关于协同推进强化公共卫生法治保障立法修法工作的意见（草案）》。

9月23日　天津市党政代表团来北京考察。蔡奇、陈吉宁与天津市负责人座谈。蔡奇强调要加强海港、空港、陆港联动，用好天津港这个重要出海口，发挥首都航空“双枢纽”优势。要借鉴天津自贸区经验，建设好北京自贸试验区，推进两地政策相互延伸覆盖，共同优化营商环境，打造对外开放和制度创新的新高地。发挥京津科技创新、智能制造等优势，在更大范围内配置资源要素，推动创新链、产业链、供应链区域联动发展，建设立足京津冀的现代化经济体系。要加快两地互联互通，建设“轨道上的京津冀”，形成京津冀“一小时交通圈”。推动市场要素自由流动，实现旅游等一体化发展，创造新的市场供给和消费需求。抓紧抓好协同发展重点任务落实，促进养老、教育、医疗等公共服务的跨区域协同，把京津“双城记”演绎得更加精彩。

9 月 24 日　由国家发展改革委和国家林草局共同举办的全国防沙治沙暨京津风沙源治理工程经验交流现场会在山西省右玉县召开。京津风沙源治理工程实施 20 年来，累计完成营造林 902.9 万公顷，工程固沙 5.1 万公顷，草地治理 979.7 万公顷。北京市沙尘天气的发生次数从工程实施初期的年均 13 次减少到近年来年均 2—3 次。

9 月 28 日　中国（北京）自由贸易试验区高端产业片区挂牌，标志着北京自贸试验区高端产业片区建设正式启动。高端产业片区大兴区域位于京津冀协同发展中部核心区，毗邻北京城市副中心，连通河北雄安新区，为其主动服务和融入国家重大战略，助推京津冀高质量协同发展，更好服务对外开放总体战略布局提供了先决条件。

9 月 29 日　京津冀协同发展统计监测协调领导小组

办公室发布2019年京津冀区域发展指数。测算结果显示，2019年京津冀区域发展指数为167.72，比上年提高7.59点。其中，共享发展指数、绿色发展指数是推动京津冀区域发展指数上升的主要因素，两个分指数分别为259.78和164.65，比上年分别提高11.51点和17.81点；创新发展指数、开放发展指数和协调发展指数分别为162.99、128.51和122.66。

同日 中国国际进口博览局、北京市商务局、天津市商务局、河北省商务厅在京共同举办第三届中国国际进口博览会京津冀地区联合招商路演。

10月

10月5日—6日 京津冀游泳公开赛暨第七届北京市全民游泳大赛在国家游泳中心比赛大厅举办。

10月8日 北京教育学院高级研修中心举行教育扶贫项目总结交流会，发布一系列助力雄安新区教育发展的规划。

同日 京东集团与河北固安永定城项目签约，合作共建永定·京东数字商贸中心。永定成项目是固安县承接北京非首都功能疏解的重要载体，由商贸谷、文创谷、智慧谷三大板块组成，将充分承接京雄城市发展带、京雄科创大走廊带来的产业机遇，打造成为服务北方地区、辐射东北亚地区最重要的商贸枢纽、物流枢纽和数据枢纽。

10月10日 北京市医保局发布通知，即日起，中国医学科学院阜外医院、中国人民解放军陆军总医院、首都医科大学附属北京天坛医院、航天中心医院、首都医科大学附属北京友谊、中国人民解放军总医院第一附属医院六家定点医疗机构，纳入京津冀异地就医普通门（急）诊直接结算试点定点医疗机构范围。

10 月 16 日　北京市驻首钢迁安地区退休人员社会化管理服务中心成立。近 1.4 万名首钢集团迁安地区退休人员可就近就地享受与北京市无差别的退休管理服务。

10 月 17 日　首届京雄职业院校学生技能大赛在北京举行。来自北京市丰台区职业教育中心学校、北京金隅科技学校、河北省容城县职业技术教育中心、河北省雄县职业技术教育中心、河北省安新县职业技术教育中心的 109 名参赛选手同台竞技，参加中职礼仪、计算机平面设计、电子商务—新媒体运营等项目角逐，开创京雄职教协同发展新模式。

10 月 22 日　京台第十七届京台青年科学家论坛在京举办，来自京津冀和台湾地区的科学家、青年学者、企业家代表通过线上线下方式参会。

10 月 23 日　京津冀智能交通发展论坛暨 2020 年北京智能交通大会在北京召开。大会以“新基建新交通新协同”为主题，邀请华北各地市政府专家、科技企业、高校科研等行业专家，就京津冀近年来的智能交通经验以及未来智能交通发展建言献策。

同日　北京河北联合印发《京冀密云水库水源保护共同行动方案》，京冀在生态、执法、科技、工程、河长制五大领域开展保水重点行动，共同推进密云水库上游潮白河流域水源保护。

10月23日—26日 2020中国新能源汽车拉力锦标赛·京津冀站举行。

10月25日 位于河北燕郊的燕达金色年华健康养护中心举办重阳主题庆祝活动。该中心是首批京津冀养老工作协同发展试点单位，已运营十年，入住4000余位京籍老人。

10月27日 京城机电旗下北京巴威锅炉高端装备制造基地在曹妃甸开工建设，成为北京国企向津冀产业转移的新落子项目。

10月30日 中央编办批复同意设立北京大兴国际机场临空经济联合管理委员会，联合管委会为北京市政府、河北省政府共同派出机构，规格为正局级。

同日 生态环境部等十部委会同京津冀等七省市人民政府，印发《京津冀及周边地区、汾渭平原2020—2021年秋冬季大气污染综合治理攻坚行动方案》，持续推进清洁取暖散煤治理，严防“散乱污”企业反弹，加强秸秆禁烧管控，有序推进钢铁行业超低排放改造、大宗货物运输“公转铁”、柴油货车污染治理、工业炉窑和燃煤锅炉治理、落实产业结构调整要求等。

本月 北京市出台《关于建立更加有效的区域协调发展新机制的实施方案》，立足首都城市战略定位，全面落实区域协调发展战略各项任务，促进区域协调发展向更高水平和更高质量迈进。

11 月

11 月 4 日　市委常委会召开会议，研究前三季度全市经济社会发展形势等事项。会议指出，要继续推进重点项目开工建设，用好专项债券和直达资金。实施好一揽子行动计划，引导社会资本参与到城市副中心等重点功能区建设中。

11 月 5 日　蔡奇围绕学习贯彻党的十九届五中全会精神，谋划“十四五”高质量发展到通州区调研。他强调，“十四五”是城市副中心规划建设发展的关键时期，要深入学习贯彻党的十九届五中全会精神，立足城市副中心实际，更好践行新发展理念，在坚持绿色发展、强化科技创新引领、推动京津冀协同发展、提升对外开放水平、改善人民生活品质等方面拿出城市副中心行动，努力在探索形成新发展格局中走在前头。

同日　北京大兴国际机场综合保税区正式获批成立，位于河北自贸试验区大兴机场片区实施范围之内，蓄力构建全国首创综保区跨界共商共建共享新模式的标杆，推动京冀两地协调联动发展。

11 月 6 日　北京大兴国际机场至河北省张家口市的省际客运班线开通。线路总长约 240 公里，单程运行约 4 小时。至此，大兴机场省际线路达到 7 条，分别覆盖保定、天津、廊坊、唐山、沧州、固安、张家口等京津冀腹地主要城市。

11 月 9 日　市委财经委员会召开第七次会议。会议指出，加强平原各区与中心城区、城市副中心、生态涵养区协同发展，做实对接机制。加快推进市郊铁路布局建设，打造“站城融合”活力新城。

同日 北京冬奥宣讲团走进百所高校系列宣讲活动在京冀两地同时启动。活动在2020年下半年和2021年上半年、下半年分三季举行。旨在弘扬奥运精神，普及冬奥知识，助力实现“带动三亿人参与冰雪运动”的目标，动员全社会特别是高校青年学生关注冬奥、支持冬奥，广泛参与冬奥志愿服务。

11月11日 市委常委会召开会议，研究市委关于“十四五”规划和2035年远景目标的建议等事项。会议指出，北京“十四五”时期经济社会发展要深入贯彻党的十九届五中全会精神，遵循坚持党的全面领导、坚持以人民为中心、坚持新发展理念、坚持深化改革开放、坚持系统观念等重大原则，更加突出京津冀协同发展，抓住疏解非首都功能这个“牛鼻子”，建设以首都为核心的世界级城市群。

11月14日 京津合作示范区——中国·光年城中央公园示范区首度亮相。京津合作示范区是京津冀世界级城市群中的一个重要节点示范区域，依托集团产业和首创经中自身资源整合优势，在基建、文化、康体、智慧、生态等维度已具备多种解决方案，通过持续深化运营，为京津新青年打造一个全生活周期、全工作周期、全生命周期的一生之城。

11月17日 天通苑北长途客运站开站运营，替代已关停的永定门和莲花池客运站，线路覆盖河北北部、山西和内蒙古地区。

11 月 19 日 河北省党政代表团来京考察，参观大兴国际机场和城市副中心。蔡奇、陈吉宁、李伟与河北省有关负责人座谈。蔡奇指出，要深入贯彻习近平总书记重要讲话精神，全面贯彻新发展理念，纵深推进京津冀协同发展，探索构建新发展格局有效路径，走出一条人口经济密集地区优化开发的新路子。进一步深化创新和产业合作，推动区域创新链、产业链、供应链“三链联动”，形成优势互补、相互促进的区域经济布局。共同推进自由贸易试验区建设，建好大兴国际机场临空经济区，推动区域更高水平对外开放。全力支持河北雄安新区规划建设，落实好战略合作协议，推动符合雄安新区定位的功能疏解转移和产业布局发展。把北京城市副中心打造成京津冀协同发展的“桥头堡”，实现与廊坊北三县一体化联动发展。抓好重点领域任务落实，打造轨道上的京津冀，深化区域污染联防联控联治，推进医保、教育等政策互通互认。完善对口帮扶长效机制，巩固扶贫协作成果。共同筹办好冬奥会冬残奥会。

11 月 19 日—20 日 国际奥委会—国际残奥委会北京冬奥会和冬残奥会项目审议会以视频方式召开。此次会议是新冠肺炎疫情以来召开的首次国际奥委会—国际残奥委会北京冬奥会和冬残奥会项目审议会。会议期间，北京冬奥组委相关负责人与国际奥委会、国际残奥委会专家围绕交通、餐饮、市场、宣传、奥运村、冬残奥会等相关议题，召开高层会、平行会及总结会，达成多项共识。

11 月 19 日—22 日 由北京市广播电视局主办的首届中国（北京）国际视听大会在京举办。会议期间成立京津冀新视听媒体融合学院，并召开京津冀媒体融合发展创新中心年会，推进落实京津冀新视听战略合作协议。

11 月 23 日 蔡奇围绕学习贯彻党的十九届五中全会精神，谋划“十四五”高质量发展到石景山区调研。他强调，服务保障好冬奥会筹办是石景山区应尽政治责任。要积极配合推进 M11 冬奥支线、苹果园综合交通枢纽等基础设施建设，同步开展冬奥赛场周边及阜石路沿线等重点区域环境整治。持续开展冬奥“六进”[①] 活动，打造冰雪运动示范区。

11 月 25 日 市委常委会召开会议。会议强调，建立京津冀自然保护地协同发展机制，逐步构建环首都国家公园环。

11 月 27 日 国家游泳中心“水立方”改造工程完工，成为北京 2022 年冬奥会第一个实现完工的改造场馆。完成水冰转换后，北京冬奥会和冬残奥会期间承接冰壶和轮椅冰壶比赛项目。

11 月 28 日—29 日 中国共产党北京市第十二届委员会第十五次全体会议召开。全会认真学习贯彻党的十九届五中全会精神，审议通过《中共北京市委关于制定北京市国民经济和社会发展第十四个五年规划和二〇三五年远景

① “六进”活动是指进机关、进企业、进学校、进社区、进乡村、进家庭。

目标的建议》。全会提出，牢牢抓住疏解非首都功能这个“牛鼻子”，深入推进京津冀协同发展。持续推动疏解整治促提升，高水平规划建设城市副中心，推动形成更加紧密的协同发展格局，高标准完成北京 2022 年冬奥会冬残奥会筹办任务。

本月 “京津冀冰雪文化旅游首班专列——京张携手办冬奥 百名艺术家重走张库大道”活动启动。100 多位来自京津冀的书画、文艺爱好者和游客登上专列，围绕京津冀冰雪文化主题，进行书画展览、棋艺比赛、诗歌朗诵、文艺演出等一系列文化交流活动。

本月 北京城市副中心重点工程——宋庄蓄滞洪区二期项目的主体工程基本完工。

本月 北京市税务部门推动搭建京津冀三地互通机制，与河北香河、天津武清共享大运河航通水文数据、前期工作情况、施工进度等，有效确保大运河北京段与河北段、天津段通航。

本月 雄安新区·中关村企业集中办公区在雄县揭牌。该办公区总办公面积约 3 万平方米，首批签约入驻企业均为前期已在雄安新区注册的中关村企业。

本月 北京城市副中心政务服务大厅工程开工建设。建成后，将提供全流程无感联接的智能服务，形成与六里桥市政务服务中心东西呼应的政务服务新格局。

12 月

12 月 1 日 市委常委会召开会议，听取关于 2019 年度北京城市体检工作有关情况汇报。会议指出，每年进行城市体检，是新版北京城市总规的一个创新。要抓好成果运用，坚持问题导向，聚焦痛点难点问题，针对性抓好改进。推进城市空间结构优化，完善疏解承接的路径、机制，提高新城综合承载能力。以疏解非首都功能为“牛鼻子”推动京津冀协同发展，加强都市圈研究，协同构建新发展格局。

同日 2022 年北京冬奥会重点配套交通基建工程——京张高铁延庆线正式开通运营。北京北（清河）站至延庆站开行旅客列车 5 对，清河站到延庆站最快仅需 26 分钟。

12 月 2 日 2022 北京冬奥会延庆赛区交通保障项目——小大路改建工程全线完工。小大路连通京礼高速和世园路，全长 1.13 公里。

12 月 3 日 京津冀青基会推进新时代希望工程事业发展研讨暨战略合作协议签署仪式在河北省石家庄市举行。

12 月 5 日 蔡奇到中国人民大学通州校区、北京学校、环球影城主题公园及度假区检查调研。他强调，要学习贯彻党的十九届五中全会精神，落实市委十二届十五次全会要求，传承历史文化底蕴，挖掘优质文旅资源，提升教育公共服务水平，把北京城市副中心打造成古今同辉的人文城市。陈吉宁一同检查调研。

12 月 7 日—17 日 “2020‘通武廊’文化交流季”活动举行，活动以“多彩‘通武廊’，携手新时代”为主题，紧扣大运河文化带建设发展主线，聚焦“通武廊”文化传承与创新。

12 月 11 日　首都医科大学附属北京中医医院和河北省体育局签署战略合作协议。

12 月 12 日　北京 2022 年冬奥会改造场馆国家体育馆完工。改建后场馆总面积约 9.8 万平方米，配置两块符合奥运赛事标准的冰球冰面。

12 月 14 日　蔡奇到延庆赛区检查北京冬奥会和冬残奥会筹办工作，强调要深入贯彻习近平总书记关于北京冬奥会和冬残奥会筹办工作的重要指示精神，进一步提高政治站位，切实增强责任感和紧迫感，始终坚持绿色、共享、开放、廉洁的办奥理念，加强统筹调度，保证过硬质量，全力以赴做好各项筹办工作，为办成一届精彩、非凡、卓越的奥运盛会打下坚实基础。陈吉宁一同检查。

12 月 15 日　国务院国资委、中央企业与北京市进一步深化合作共同推进落实国家战略座谈会召开。北京市与国务院国资委签署合作协议，八个央地企业重点合作项目签约。共同推动京津冀协同发展，推动符合城市副中心功能定位的重大项目、优质企业、科技应用场景落地，分享城市副中心建设发展成果。

同日　京雄高速公路雄安段全幅贯通。

12 月 19 日　市委常委会召开扩大会议，传达学习中央经济工作会议精神。会议强调，要深入实施京津冀协同发展战略，支持河北雄安新区建设，推动城市副中心高质量发展，打造“轨道上的京津冀”。认真筹办好北京冬奥会和冬残奥会。当日，市政府党组召开会议，学习贯彻中央经济工作会议精神，落实市委常委会（扩大）会议部署要求，研究谋划北京市2021年经济发展重点工作，强调2021年是冬奥会筹办冲刺之年，要坚持首善标准，细化优化服务保障措施，为冬奥测试赛成功举办打下坚实基础。

同日 首都体育馆110千伏输变电工程投运，北京地区规划建设的12项北京2022年冬奥会配套电网工程圆满收官。

12月23日 河北省廊坊市香河县与通州区文化和旅游协同发展工作推进会在北京通州区举办。会议期间，两地签署《香河县与通州区文化和旅游协同发展战略合作框架协议》。双方将共同推动大运河文化和旅游融合发展，建立文化和旅游常态化联动合作机制，实现文化和旅游信息互通，每半年召开一次联席会议，共同研究解决协同发展重要事项。

同日 由北京市通州区文化和旅游局、天津市武清区文化和旅游局、河北省廊坊市文化广电和旅游局联合主办的“通武廊”非遗体验旅游线路公布，三条线路共14个非遗项目与公众见面。

12月24日 北京2022年冬奥会冰球比赛场馆五棵松体育馆改造工程完工，实现“冰篮转换”。

12月25日 北京2022年冬奥会标志性建筑国家速滑馆、国家体育总局冬季运动管理中心首都体育馆改扩建工程、首都滑冰馆、冬奥赛事中心和运动员公寓完工。

12月26日 北京推进科技创新中心建设办公室召开第七次全体会议，深入学习贯彻党的十九届五中全会和中央经济工作会议精神，总结北京科技创新中心建设工作情况，研究部署下一步重点工作任务。京津冀三地签署《京津冀国家技术创新中心共建框架协议》，北京经济技术开发区国家人工智能高新技术产业化基地、北京应用数学中心、北京颠覆性技术创新基金和京津冀国家技术创新中心揭牌。陈吉宁出席会议并讲话。

12 月 27 日 北京至雄安新区城际铁路大兴国际机场至雄安新区段开通运营，京雄城际实现全线贯通，雄安站同步投入使用。北京西站至雄安新区间最快旅行时间 50 分钟，大兴国际机场至雄安新区间最快 19 分钟可达。

12 月 28 日 北京平谷区与天津港的铁路运输通道开通，“海铁联运”通道开通，只需“一次申报、一次查验、一次放行”，北京的进出口货品可以在马坊直接检疫、报关，节约客商的时间。

12 月 29 日 中国共产党北京市第十二届委员会第十六次全体会议召开。全会深入学习贯彻党的十九届五中全会和中央经济工作会议精神，总结 2020 年工作，研究部署 2021 年任务，强调要以疏解非首都功能为“牛鼻子”深入推动京津冀协同发展，坚定有序疏解非首都功能，深化新一轮疏解整治促提升专项行动。支持河北雄安新区建设，抓好“三校一院”交钥匙项目，实施“基础教育提升、医疗卫生发展、职业技能培训”三大工程。把城市副中心打造成京津冀协同发展的“桥头堡”，高水平运营好环球主题公园，扎实推进城市绿心三个文化设施、行政办公区二期、综合交通枢纽、东六环入地改造等重大项目建设，在绿色发展上持续发力，继续引导产业、交通、公共服务向北三县延伸布局。大力推进京津冀在交通、污染联防联控联治、教育医疗等协同发展重点领域任务的落地。筹办好北京冬奥会和冬残奥会。朝着办成一届精彩、非凡、卓越的奥运盛会目标迈进。加强竞赛场馆设施设备测试检验，推进非竞赛场馆及相关基础设施建设。简化办赛方案，完成系列测试活动。建立高效的运行指挥体系，精细做好赛会服务保障和城市综合保障。实施科技冬奥行动计划，推动一批新技术在冬奥场景落地应用。完善冬奥会公共卫生、重大疫情防控工作方案和应急预案。精心组织宣传推广活动，做好可持续和遗产工作。

同日　北京 2022 年冬奥会延庆赛区国家高山滑雪中心、国家雪车雪橇中心、延庆冬奥村及山地新闻中心四大场馆全面完工。

12 月 30 日　北京广播电视台冬奥纪实 4K 超高清频道开播。这是我国首个上星播出的省级 4K 超高清频道。

12 月 31 日　北京冬奥会和冬残奥会体育图标发布。

本年　京津冀实现地区生产总值 8.6 万亿元。其中北京、天津、河北分别为 36102.6 亿元、14083.7 亿元和 36206.9 亿元，按可比价格计算，比上年分别增长 1.2%、1.5% 和 3.9%。

2021年

1月

1月5日 北京新冠肺炎疫情防控工作领导小组第九十七次会议暨首都严格进京管理联防联控协调机制第五十次会议召开。会议强调，要加强京冀防控工作协同，从快从严做好中高风险地区管控。严格入京人员、货物高等级防控。继续动态关注中高风险地区变化，上述地区人员非必要不进京。对已入京的迅速落位核查，落实核酸检测和“14+7”措施，全过程闭环管理。强化京冀进京通道管控，省际客运班线、铁路要严格落实防疫要求，严控高风险人员进京。加强进京检查站查控。协同做好环京地区的防疫管理，有针对性地加强通勤人员风险排查和健康筛查。加强进京货物运输防疫，严格进京货运车辆、人员和承运货物信息查验，落实货物、场地、车辆、设备清洁消杀等防疫措施，确保市场供应。加强中高风险地区来京就诊人员筛查，落实防疫措施。

1月9日 受北京市卫生健康委、北京市医院管理中心委派，北京天坛医院援冀核酸检测医疗队出发驰援河北邢台南宫市。1月30日，北京天坛医院援冀核酸检测医疗队返京。奋战22个昼夜，医疗队共完成核酸检测34750管、87640人份。

1月10日 全市各检测机构通过京医通预约挂号平台、网站等多种方式为环京地区在京通勤人员提供核酸检测非现场、现场预约服务，实现随到随检。

同日 北京佑安医院和北京清华长庚医院联合组建北京市核酸检测医疗队，踏上援冀征途。经过21个日夜的不懈奋战，1月31日，北京市援冀医疗队圆满完成支援河北燕达医院新冠病毒核酸检测任务，返回北京。

1月11日 市疾控中心倡导在河北省有关地区疫情输入风险得到有效控制前，北三县及其他环京周边区域入京通勤人员采取远程居家办公方式工作。

1月15日 生态环境部通报2020年全国环境空气质量状况，京津冀及周边地区“2+26”城市平均优良天数比例为63.5%，同比上升10.4个百分点；PM2.5浓度为51微克/立方米，同比下降10.5%。

1月17日 大广高速和京台高速位于河北界内的牛驼、万庄服务区设点，为向北京运输生活必需品的司乘人员提供24小时免费核酸检测服务。

1月20日 习近平在人民大会堂主持召开北京2022年冬奥会和冬残奥会筹办工作汇报会，强调北京冬奥会和冬残奥会筹办已经进入关键时期，要围绕如期办赛目标，全面梳理并切实抓好各项工作落实。推动京津冀协同发展，努力在交通、环境、产业、公共服务等领域取得更多成果。要积极谋划冬奥场馆赛后利用，将举办重大赛事同服务全民健身结合起来，加快建设京张体育文化旅游带。冬奥会工作领导小组加强统筹调度，及时研究解决筹办工作中遇到的重大问题。各成员单位履行职责，高质量完成各项工作任务。各专项协调小组要主动担责、加强协调，统筹解决好跨地区、跨部门、跨层级的重点难点问题。北京市、河北省落实主办城市责任，按时优质完成各项任务。北京冬奥组委更好履行职责，严格执行各项规章制度，严格预算管理，控制办奥成本，勤俭节约、杜绝腐败，让北京冬奥会和冬残奥会像冰雪一样纯洁干净。

1 月 21 日　京津冀蒙四地民政部门联合出台《关于加快推进京津冀蒙协同发展区域养老机构等级评定等相关标准互认工作的通知》，建立起京津冀蒙养老机构等级评定、诚信评价、老年人能力综合评估等标准互通互认机制，同步加强养老服务质量协同监管。

本月　北京大学首都发展研究院发布《京津冀协同创新指数（2020）》。2013 年至 2018 年，京津冀协同创新指数从 16.18 增长到 80.99，增长四倍多。

2 月

2 月 1 日　北京 2022 年冬奥会代表团团长会以视频形式召开。蔡奇致辞指出，北京冬奥组委与国际奥委会、各国家（地区）奥委会等方面紧密合作，全面落实绿色、共享、开放、廉洁的办奥理念，筹办工作朝着既定方向、既定目标稳步推进，所有竞赛场馆已经全部完工，赛事组织和服务保障工作有序展开，可持续和遗产工作取得积极成效。

同日 市委审计委员会召开第八次会议，审议市委审计委 2021 年工作要点、审计项目计划和加强审计工作的意见等事项，书面审议市委审计委 2020 年工作总结。会议强调，要围绕首都发展大局加强审计监督，抓好审计项目计划落实。加大重大政策落实跟踪审计力度，持续跟进供给侧结构性改革、京津冀协同发展、乡村振兴、减税降费等国家重大战略和重大政策落实情况，跟踪北京冬奥会冬残奥会、城市副中心、“两区”等重大项目建设情况。

2 月 2 日 北京冬奥会和冬残奥会 2021 年世界转播商大会召开。蔡奇通过视频致辞并指出，世界转播商大会是北京冬奥组委与转播商沟通交流的重要平台。希望通过这次会议，就赛时转播服务与大家交换意见，进一步完善各项计划和措施，努力提供全面、高效、便捷的服务保障。

2 月 4 日 市推进京津冀协同发展领导小组召开会议。听取关于北京市推进京津冀协同发展 2021 年工作要点的汇报，审议通州区与北三县协同发展工作情况、支持雄安新区建设及推进京津冀协同发展 2020 年工作进展等事项。强调要立足融入新发展格局，主动谋划、积极作为，全力以赴将京津冀协同发展向纵深推进，深入推进城市副中心与廊坊北三县一体化联动发展，健全工作协调机制，加强常态化沟通对接，推进重点任务落地。

2 月 6 日 北京、天津地铁乘车二维码实现互联互通，范围包括两市城市轨道交通所有运营线路及车站。

2 月 8 日 北京自贸试验区创新服务中心建成开园。

该中心位于北京大兴国际机场临空经济区，是中国（河北）自由贸易试验区大兴机场片区内首个建成投用的项目，重点引进金融服务和生命健康类企业，提供产业促进、金融创新、创新示范、规划展示及园区配套服务，实现优化营商环境、引进高端人才、完善服务保障、加快土地预热等多重作用。

2 月 10 日 市委常委会召开会议，研究全市 2021 年固定资产投资调控思路及市政府投资和重点工程计划安排建议等事项，指出要发挥政府投资“四两拨千斤”作用，引导带动社会资本参与高精尖产业、京津冀协同发展、城市更新、公共服务等领域重点项目。

同日 中央巡视反馈整改落实工作动员部署会召开。会议通报市委关于落实中央第十一巡视组对北京市开展巡视反馈意见的整改方案。蔡奇出席并讲话，强调要充分发挥北京在京津冀协同发展战略中的龙头带动作用，坚定不移疏解非首都功能，谋划开展好新一轮“疏整促”专项行动，高质量建设好城市副中心，支持河北雄安新区建设，推动完善京津冀产业链供应链规划布局。

2 月 22 日 蔡奇就推动金融业高质量发展调研，并召开金融工作座谈会。他指出，城市副中心是京津冀协同发展的桥头堡和融入新发展格局的重要支点，未来将保持每年千亿以上投资强度，希望各金融机构积极参与其中，共享发展机遇。陈吉宁参加。

2 月 24 日 首都规划建设委员会在京召开第四十一次全体会议，学习贯彻党的十九届五中全会精神，通报 2019

年度北京城市体检情况，总结2020年工作，研究部署2021年重点工作。会议要求，以实施核心区控规为重点，推进城市更新行动，完善城市治理体系。坚定不移疏解非首都功能，推动京津冀协同发展。

2月26日 应对空气重污染工作调度会召开。会议强调要针对当前北京市及周边区域天气和空气质量状况，加强监测预警和科学研判，及时启动相应的污染预警，严格落实应急管控措施，加大各领域执法检查力度，全力以赴做好空气重污染应对。

同日 “京津冀之声”（FM100.6）在新媒体端上线。该平台由北京广播电视台、天津海河传媒中心、河北广播电视台共同打造，形成跨地区、跨媒体、多领域的京津冀融合媒体传播链，为京津冀协同发展营造良好舆论氛围。

2月27日 北京冬奥组委·北京市深入推进北京冬奥会冬残奥会筹办决战决胜动员部署大会召开。会议通报北京2022年冬奥会和冬残奥会筹办工作情况及下一步工作安排、2022年冬奥会和冬残奥会北京市运行保障指挥部工作方案及北京市深入推进北京2022年冬奥会和冬残奥会筹办工作决战决胜关键时期重点任务，部署北京2022年冬奥会和冬残奥会医疗卫生保障及疫情防控工作。蔡奇出席并讲话强调，要铆足干劲决战决胜，全力以赴做好各项筹办工作，确保办成一届给世界留下深刻印象和美好回忆的冬奥盛会。陈吉宁、李伟、吉林、张延昆①出席。

① 张延昆，2020年11月担任中共北京市委副书记。

3月

3月1日 北京冬奥会和冬残奥会抵离信息系统举行上线仪式并正式上线。

同日 市统计局发布数据显示，2020年京津冀三地地区生产总值合计8.6万亿元。其中，北京、天津、河北分别为36102.6亿元、14083.7亿元和36206.9亿元，按可比价格计算，比上年分别增长1.2%、1.5%和3.9%。

同日 北京城市副中心各中小学、幼儿园举行各种形式的开学典礼，十余万中小学生、幼儿回到校园。

3月8日 北京市延庆区召开冬奥延庆赛区筹办决战决胜动员部署大会，为冬奥会做好全方位准备。

3月11日 国际奥委会以视频形式召开第一三七次全会。国际奥委会主席巴赫主持会议。受蔡奇委托，北京冬奥组委有关负责人在北京会场代表北京冬奥组委向巴赫再次当选国际奥委会主席表示祝贺，并就北京冬奥会组织管理、场馆和基础设施建设、赛事组织和场馆运行、赛会服务保障、国际交流合作、宣传推广和文化活动、可持续和遗产、新冠肺炎疫情防控工作、测试活动等九个方面的筹办工作向国际奥委会进行陈述。

3月12日 市扶贫协作和支援合作工作领导小组召开全体会议，听取关于北京市2020年扶贫支援工作完成情况和2021年支援合作工作要点、北京市扶贫协作总结表彰工作有关情况，以及援藏、援青和京蒙、京冀协作帮扶工作情况汇报，研究部署2021年工作。15日，北京市扶贫协作总结表彰大会宣布，北京助力河北、内蒙古、新疆、西藏、青海五省区 73 个县级贫困地区如期摘帽，200.6 万贫困人口全部脱贫，圆满完成党中央交给北京的扶贫协作任务。

同日 自首班车起，前期受疫情影响采取区间运营措施的 16 条跨京冀公交线路，恢复全线运营。

3 月 16 日 韩正主持召开京津冀协同发展领导小组会议，深入学习贯彻习近平总书记关于京津冀协同发展的重要讲话和指示批示精神，讨论有关文件，研究部署下一阶段重点工作。蔡奇等和京津冀协同发展领导小组成员、有关部门负责同志以及专家咨询委员会成员参加会议。

同日 经市委市政府城市副中心建设领导小组审定，北京城市副中心管理委员会、通州区政府发布《北京城市副中心（通州区）国民经济和社会发展第十四个五年规划和二〇三五年远景目标纲要》。根据纲要，城市副中心的城市框架在“十四五”期间基本成型。

3 月 16 日—17 日 外交部和北京冬奥组委邀请 31 个冰雪运动强国驻华使节和高级外交官前往延庆赛区和北京赛区，考察“雪游龙”国家雪车雪橇中心、国家高山滑雪中心、奥运村、“冰丝带”国家速滑馆、“冰立方”国家游泳馆冰壶馆、五棵松体育中心冰球场、“冰之帆”国家体育馆冰球馆、首都体育馆花滑馆及“雪飞天”首钢滑雪大跳台。考察团高度评价北京冬奥场馆建设的效率和质量，对场馆建设中体现的环保理念、保护生物多样性、二氧化碳制冰等先进技术、赛后场馆可持续利用方案、场馆细节中蕴涵的中国优美文化元素以及奥运促进扶贫攻坚成效。

3月19日 市纪委市监委以视频会议形式组织召开冬奥会监督工作领导小组第三次会议暨市运行保障指挥部监督组第一次调度会，深入学习贯彻习近平总书记视察冬奥赛区重要讲话精神，落实中央纪委国家监委工作要求及深入推进北京冬奥会冬残奥会筹办决战决胜动员部署大会精神，通报北京市冬奥会运行保障监督工作方案及重点任务。

3月22日 北京冬奥组委暨北京市运行保障指挥部第一次调度会议召开，检查筹办工作进度，协调解决相关问题。会议指出，当前冬奥筹办已经进入倒计时实战状态，要深入学习贯彻习近平总书记考察冬奥筹办工作时的重要讲话精神和冬奥会工作领导小组全体会议精神，坚持需求导向和问题导向，压实工作责任，按照任务分工，一项一项抓落实，一个一个解决问题，全力推进各项筹办工作，确保北京冬奥会和冬残奥会如期顺利举办。

3月25日 交通运输部举行例行发布会。截至2020年，京津冀地区基本形成以“四纵四横一环”运输通道为主骨架，多节点、网格状的区域交通新格局，“轨道上的京津冀”初步形成，环京津地区的高等级公路基本实现全覆盖。

3月27日 蔡奇到城市副中心调研检查环球主题公园开园前各项准备工作，强调环球主题公园已进入临近开园的关键阶段，各方面都要增强紧迫感，继续攻坚克难，精益求精，深入细致查摆问题漏洞，全力以赴做好各项准备，确保开园精彩亮相，打造北京文化旅游新地标。陈吉宁一同调研检查。

3月31日　市科委、中关村管委会与通州区政府联合发布《北京城市副中心加快新场景建设行动方案（2021—2023年）》。

本月　北京经开区与天津经开区签署《推进政务服务“跨省通办”授权协议》，首批将能办理京津各十个政务服务事项。这是国家级经开区之间首次实现政务服务“跨省通办”。

本月　北京大兴国际机场临空经济区廊坊片区城市设计方案发布。北京大兴国际机场临空经济区跨京冀两地，总面积约150平方公里，临空经济区河北部分即廊坊片区总面积约100平方公里，地处北京中轴线南端，距离北京中心城区约45公里、天津中心城区约80公里、雄安新区约55公里。

本月　京冀党史、文化和旅游相关部门联手打造的“两道一线”国际友人援华抗战红色旅游项目在海淀区爱国主义教育基地贝家花园启动。“两道一线”是指，抗战期间，加拿大医生白求恩为晋察冀根据地办医院建学校救治伤病员，竭尽全力提供医疗卫生支持并献出宝贵的生命，在他经常活动的太行山区形成“白求恩大道”；英国的林迈可教授为晋察冀根据地提供通信技术和设备，培训人才，在北京西山地区形成“林迈可小道”；法国的贝熙业大夫骑自行车为根据地运送药品，被誉为自行车“驼峰航线”。

本月 京津冀2021年首趟“红色专列”从北京站发出。12天行程里，列车将途经丙安古镇、遵义会议会址、重庆白公馆等著名红色教育基地。专列近400名乘客来自北京、石家庄、唐山等地。

本月 《通州区深入打好污染防治攻坚战2021年行动计划》公布。城市副中心实行最严格的生态环境保护制度，努力构建蓝绿交织、水城共融的生态环境。

本月 京津风沙源治理二期工程2021年项目实施方案获批复。

4月

4月1日 陈吉宁在大兴区调研临空经济区规划建设等情况。他强调，大兴区要紧紧抓住“两区”建设机遇，高质量推进项目落地，高水平推进区域协同；要深入落实京津冀协同发展的部署要求，主动加强与河北省有关方面协调沟通，形成更大合力，提高机场综保区建设发展水平。

4月5日 北京城市副中心政务服务管理局、北京市通州区政务服务管理局、天津滨海新区政务服务办共同签署“跨省通办”协议。根据协议，通州区的27项政务服务，可在天津滨海新区办理；天津滨海新区的29项政务服务，可在通州区办理，有效避免群众“两地折返跑”。

4月7日 市委常委会召开会议，学习习近平总书记在参加首都义务植树活动时的重要指示精神，研究北京市推进京津冀协同发展2021年工作要点和北京国际科技创新中心建设重点任务2021年工作方案等事项。会议指出，要坚定不移疏解非首都功能，优化提升首都功能；全力支持雄安新区建设；高质量规划建设城市副中心，打造京津冀协同发展“桥头堡”；推进通州区与北三县一体化发展，推动产业、交通、公共服务向北三县延伸布局；共建大兴国际机场临空经济区；构建现代化首都都市圈，带动环京地区发展；抓好市域（郊）铁路建设，打造“轨道上的京津冀”。

4月9日　蔡奇到中国国家铁路集团有限公司走访，并召开座谈会，双方签署战略合作框架协议。他强调，要落实京津冀协同发展规划纲要和北京城市总体规划，结合城市交通发展圈层，坚持“四网融合”，对外衔接城际铁路、高铁，对内衔接城市轨道交通，推动形成“一张网”。陈吉宁一同调研走访。

同日　市委全面依法治市委员会召开第四次会议。会议强调，要立足首都城市战略定位强化法治保障，健全完善维护首都安全、文化建设、国际交往、科技创新等地方立法体系；推进知识产权保护和促进条例立法，补齐新技术新应用方面立法短板，强化涉外法治服务，建设北京国际仲裁中心，推动京津冀协同立法。

4月13日　中铁京雄（北京）高速公路发展有限公司召开“大干实干二季度　献礼建党一百年”动员大会，项目建设全面提速。京雄高速公路由北京段和河北段组成，北京段长约27公里，项目建成后，将进一步助推京津冀一体化发展、带动北京周边经济，推动京津冀“四横四纵一环”交通体系新格局建设，构建京雄一小时交通圈的主干线路，有效缓解北京西南方向进出京交通压力。

4 月 20 日　京津冀促进知识产权运用工作会暨北京市发明专利奖颁奖大会举行，36 项自主创新成果获得表彰，涵盖人工智能、生物医药等十大高精尖领域。其中，特等奖发明专利涉及的高铁轨道电路系统和装备，将服务北京冬奥会和雄安新区建设。当日，京津冀高校知识产权运用联盟、京津冀科研院所知识产权运用联盟成立。

同日　京津冀新视听媒体融合学院在北京正式开班。首期培训班吸引来自京津冀三地省级、地市级、区县级广播电视台（融媒体中心）及有关媒体融合单位共 100 余人参加。

4 月 21 日　即日起，北京城市副中心教育、医疗、养老、社保等 23 类 179 项与市民生活密切相关的政务服务事项，可在河北省廊坊市北三县“跨省通办”。

4 月 26 日　市委市政府京津冀协同办发布北京市推进京津冀协同发展 2021 年工作要点，部署 12 大类 70 项 180 条重要事项。2021 年，将引导全市各方面资源优先向城市副中心投放，围绕“3+1”主导功能，推动首旅集团、北投集团、华夏银行等市属企业搬迁入驻。

4 月 28 日　韩正到河北雄安新区调研，主持召开京津冀协同发展领导小组会议，讲话要求中央有关部门单位和北京市、河北省认真贯彻落实党中央、国务院决策部署，立足大局，扎实有力推进北京非首都功能疏解和雄安新区规划建设，成绩值得充分肯定。雄安新区已经进入承接北京非首都功能和建设同步推进的阶段，要坚持以习近平总书记重要讲话精神为根本遵循，奋力推动各项工作迈上新台阶。

同日 市委常委会召开会议，传达学习习近平总书记对深化东西部协作和定点帮扶工作重要指示和全国工作推进会精神；听取2020年脱贫攻坚成效考核情况及北京市整改方案汇报。会议指出，要按照方案抓好整改，引导在京企业到协作帮扶地区投资兴业，建设好京蒙合作产业园，将京冀产业协作纳入京津冀协同发展统筹推进，促进稳岗就业措施落地，带动脱贫人口稳定增收。

同日 京津冀三省市区域交通一体化统筹协调小组第六次联席会议领导小组全体会议在京召开，三地交通部门签订多条跨界道路、跨省高速联络线接线协议，进一步提升京津冀区域交通互联互通水平。三地签订的协议包括：京冀姚家园路东延和神威北大街、石小路和安石路2份跨界道路接线协议，以及津冀密涿京沪高速联络线接线协议。

5月

5月6日 《人民日报》刊发蔡奇署名文章《坚持以首都发展为统领　奋力谱写社会主义现代化的北京篇章》。文章指出，党的十八大以来，习近平总书记9次视察北京、14次对北京发表重要讲话，深刻回答了“建设一个什么样的首都，怎样建设首都”这一重大时代课题，为做好首都工作指明了方向。北京市坚持把加强“四个中心”

功能建设、提高“四个服务”水平作为首都发展全部要义，以疏解非首都功能为“牛鼻子”深入推进京津冀协同发展，把科技创新作为推动高质量发展的第一动力，以更大力度的改革开放激发新动能，着力提升超大城市治理水平，切实把生态文明建设作为战略性任务来抓，始终把老百姓的事放在心上，并推动全面从严治党不断走向深入。这些成绩的取得，最根本在于有习近平总书记掌舵领航，有习近平新时代中国特色社会主义思想科学指引。在新的征程上，北京市要在紧要处落好“五子”：率先建设国际科技创新中心，抓好“两区”建设，建设全球数字经济标杆城市，以供给侧结构性改革创造新需求，深入推动以疏解北京非首都功能为“牛鼻子”的京津冀协同发展，开展“我为群众办实事”实践活动，以优异成绩迎接建党100周年。

5月7日　北京冬奥组委邀请多位生态环境及应对气候变化领域的专家学者，就北京冬奥会碳排放核算方法、碳减排措施及成效、碳中和工作路径等问题进行研讨、论证。专家们就北京冬奥会碳减排和碳补偿措施及成效进行充分讨论，认为北京冬奥会碳中和方案内容完整、思路清晰，研究方法科学合理、符合国际惯例。碳抵消产品及其核算方法符合国际国内惯例，碳补偿方式多元化且具有可操作性，符合国际奥委会相关规则要求。

同日　北京环球度假区通过LEED城市和社区评估体系，获得LEED社区金级认证，成为全球第一个获此殊荣的主题公园度假区。LEED全称为“能源环境设计先锋”，是世界上使用最广泛的环境可持续发展评级系统之一，为促进可持续发展和提升生活质量提供可量化战略制定了全球标准。

同日 通州区修订《关于服务北京城市副中心高质量发展实施包容审慎监管的意见》，升级《市场主体轻微违法容错纠错清单》，市场主体轻微违法不予处罚的情形和事项增至115项。

5月8日 北京城市副中心管委会、通州区政府、廊坊市政府签署协议，决定在北京城市副中心、廊坊北三县、廊坊临空经济区实行“区域通办”联动机制。首批共有70项政务服务和453项高频便民事项纳入其中。市民可在廊坊北三县、廊坊临空经济区，办理北京城市副中心的医师执业注册等32项政务服务事项以及医疗、社保、医保、公积金等23类179项高频便民事项；在城市副中心，可办理廊坊北三县、廊坊临空经济区38项政务服务事项以及15类274项高频便民事项。办理最多跑一次。

5月13日 2021年北京·河北廊坊北三县项目推介洽谈会暨北京城市副中心（通州区）与廊坊北三县一体化高质量发展论坛在廊坊市大厂回族自治县举办。推介会现场举行北京与河北廊坊北三县项目签约仪式，现场签约39个项目，意向投资额约247亿元，涉及产业、公共服务、交通基础设施等重点领域。

同日 北京市卫生健康委会同天津市、河北省卫生健康委与廊坊市人民政府签署《关于支持廊坊北三县医疗卫生服务能力提升合作框架》。

同日 首都体育学院冰雪运动学院成立，围绕 2022 年北京冬奥会筹备需求，进一步凝练整合资源，为冬奥冰雪运动发展和冰雪人才培养提供创新和实践平台。

5 月 14 日 京津冀三地在中国北京人力资源服务产业园通州园区举办人力资源服务机构结对共建活动，京津冀三地人力资源市场主管部门和通州区、雄安新区、廊坊市及北三县人社部门、行业协会及三地结对共建机构负责人出席会议。京津冀三地 13 对结对共建机构代表签署合作协议书，北京人力资源服务行业协会向三地发出结对共建倡议。

5 月 17 日 北京大兴机场北线高速公路东延段（京台高速—京冀廊坊界）正式通车，京津冀区域交通一体化路网体系进一步完善，加快促进京津冀区域互联互通和协同发展。

5 月 17 日—23 日 教育部会同北京市教委、天津市教委、河北省教育厅举办京津冀专场招聘会，线上线下共提供 9.3 万个优质就业岗位。

5 月 18 日 韩正在中国环境科学研究院主持召开座谈会，深入学习贯彻习近平生态文明思想，研究部署生态环境保护有关重点工作，强调要持续开展京津冀及周边等重点地区大气污染治理攻坚，巩固扩大蓝天保卫战成果。

5 月 20 日 蔡奇到大兴区就推进北京大兴国际机场临空经济区建设进行调查研究。他强调，要坚持规划引领，高起点定位，突出绿色低碳理念，加强顶层设计，保持定力和耐心，多花点时间研究论证，做好战略留白，想好了再干。要抓紧落实制度创新清单，力争年底前取得实质性进展。要加快综保区建设，确保一期 2021 年年底前实现封关运行。

同日 第五届世界智能大会 2021 全国工业互联网平台赋能深度行（天津站）高峰论坛成功举办《关于打造京津冀工业互联网协同发展示范区的框架合作协议》签约仪式。北京市经济和信息化局信软处、天津市工业和信息化局信发处、河北省工业和信息化厅两化融合处代表三方签约。

5 月 21 日 北京冬奥组委暨北京市运行保障指挥部第三次调度会议，检查各项任务落实情况，研究调度下一步筹办工作。会议指出，要深入贯彻习近平总书记关于北京冬奥会和冬残奥会筹办工作的一系列重要指示精神，落实中央部署要求，始终坚持“四个办奥”理念，牢牢把握“简约、安全、精彩”的办赛要求，继续保持“一刻也不能停、一步也不能错、一天也误不起”的状态，科学研判全球疫情形势，妥善应对各种风险挑战，坚定信心、只争朝夕，精益求精、善作善成做好各项筹办工作，确保如期成功办赛。

同日 北京冬奥组委举办第一次驻华使节奥运情况介绍会，会议围绕场馆和基础设施建设、赛事组织、赛会服务、宣传推广、国际交流合作、可持续和遗产工作、冰雪运动普及等方面，介绍了北京冬奥会和冬残奥会筹办工作进展情况。来自 70 余国约 120 位驻华使节及高级外交官出席。

5月27日 首届新区汇——城市新区国际传播与品牌发展论坛在北京城市副中心召开。这是京津冀三地新区首次实现以论坛形式洽谈交流，旨在为全国具有代表意义的城市新区搭建交流平台，形成定期沟通与分享机制。河北雄安新区、上海浦东新区、天津滨海新区、海南自贸区等就本区域建设发展和品牌提升作主旨发言，来自学界和业界的多位嘉宾支招新区品牌塑造和国际传播。

5月28日 北京城市副中心举办优化营商环境暨“两区”建设推介大会，51家企业兑现政策奖励资金共计1.85亿元。36家高精尖企业机构与城市副中心完成签约，为城市副中心产业高质量发展注入新的活力。

5月29日 蔡奇到城市副中心调研。他强调，城市副中心要围绕创建国家绿色发展示范区，扎实推进减排降碳各项工作，打造绿色发展高地。实现碳达峰、碳中和不仅要做好碳排放的“减法”，还要做好生态碳汇的“加法”。要以此为契机，积极培育绿色发展新动能。实现碳达峰、碳中和是一项长期而艰巨的任务，急不得也等不得，要坚持试点先行，落实到各个区域和单元，推动重点区域、示范性项目率先突破。

6月

6月1日 市政府召开常务会议，研究《〈北京市国民经济和社会发展第十四个五年规划和二〇三五年远景目标纲要〉主要目标和任务分工方案》等事项。会议强调，要坚持以习近平新时代中国特色社会主义思想为指导，深入贯彻习近平总书记对北京重要讲话精神，提高政治站位，强化使命担当，更加奋发有为地推动首都新发展。要强化组织领导，完善工作机制，围绕“四个中心”功能建设、京津冀协同发展、“两区”建设、城市更新、民生保障等重点任务，深化改革创新，加强调度推进，及时解决任务落实中的困难问题。

同日 北京及延庆赛区11个冬奥场馆全部通过绿色建筑认证。

6月4日 北京冬奥会和冬残奥会环境秩序保障首个“百日整治”行动圆满完成。2月至5月，全市共整治完成重点涉冬奥区域内837处环境秩序“挂账问题”，销账率达100%。

6月7日 由北京燃气集团承建的天津南港液化天然气应急储备项目首座LNG储罐成功升顶，这是国内第一座采用薄膜罐技术建造的大型陆上LNG储罐。

6月8日 2021新一代人工智能（天津）产业发展高峰论坛在天津举办。活动期间，京津冀协同创新发展联盟授牌，14家企业签约入驻天津滨海中关村（天津自创区）创新中心。

同日 京津冀工业互联网协同发展企业深度行（北京站）活动在北京举办，京津冀三地经信主管部门、相关产业联盟和20余家企业代表出席，深入开展京津冀工业互联网产业交流合作，推动京津冀工业互联网协同创新发展。

同日 北京城市副中心图书馆项目实现封顶。从高空俯瞰，图书馆撑起一个由144片“银杏叶”组成的“森林伞盖”。

6月9日 大运河国际交流季在北京城市副中心启动，北京广播电视台牵头，联合天津、河北、浙江、江苏、山东、安徽、河南等大运河沿线八省市的广播媒体，发起成立大运河城市广播联盟，依托系列活动，搭建全媒传播平台、文化与经济交流平台。

6月10日 京津冀三地市场监管部门签署《京津冀市场监管执法协作框架协议》及反垄断、知识产权、价格、食品安全等四个领域的子协议。

同日 京津冀三地生态环境部门共同召开生态环境执法联动工作联席会议，安排部署2021年至2022年京津冀生态环境执法重点工作。会议明确，未来将重点围绕大气、水、固废（危废）、移动源及交界处环境违法投诉举报等五个方面开展联动执法。密切配合，在交界处发现重大环境违法行为的一地启动“吹哨”制度，另外两地相关方必须及时“报到”协同开展查处。

同日 北京市通州区与河北省廊坊市北三县（三河市、大厂县、香河县）联合签署一揽子合作发展协议。包括通州区与北三县行政审批局签署的《2021年市场主体登记服务协同互通协议》、四地市场监管部门联合签署的《2021年市场监管体系协作发展框架协议》和《2021年食品安全体系协作发展框架协议》，合作内容从企业办照、食品安全保障、跨地区监管等三方面开展深入协作。

6月11日　青年乡村医生培养计划项目在怀柔区九渡河镇卫生服务中心启动。知名三甲医院资深医务人员为京津冀三地的50名青年乡村医生开展专业培训。

6月16日　市委全面深化改革委员会召开第二十次会议，传达习近平总书记在中央全面深化改革委员会第十九次会议上的重要讲话精神，审议《关于深化北京住房公积金制度改革的实施意见》等事项。会议指出，要推动京津冀住房公积金一体化，促进区域职住协同。统筹资金安全与监管服务，建立健全风险防控机制。

6月16日—17日　国际奥委会—国际残奥委会北京2022年冬奥会和冬残奥会项目审议会以视频方式召开。北京冬奥组委在开幕式上就遗产相关工作进行主题陈述；北京冬奥组委相关负责人与国际奥委会、国际残奥委会专家围绕体育、医疗、市场、可持续性、冬残奥会等相关议题，召开16场平行会及总结会，达成多项共识。

6月18日　第八次京津冀人大立法协同工作机制会议在北京召开。与会人员就三地协同推进强化公共卫生法治保障立法修法工作意见的落实情况和协同推进北京冬奥会冬残奥会法治保障工作进行深入交流。7月6日，市十五届人大常委会主任会议研究并通过《京津冀三地人大常委会关于协同推进冬奥会法治保障工作的意见（草案）》。

6月21日　北京冬奥组委暨北京市运行保障指挥部第四次调度会议召开。会议听取第三次调度会议部署的重点工作和议定事项落实情况及下一步工作安排、市运行保障指挥部各工作组任务推进落实情况的通报，强调要持续优化赛会服务保障，要紧绷疫情防控这根弦，密切关注国内外疫情发展态势，一刻也不放松地做好冬奥会疫情防控工作。

6 月 23 日 《北京 2022 年冬奥会和冬残奥会遗产报告（2020）》中文版和国际版发布，报告共有 13 个章节，从五个方面重点呈现 2015 年 8 月至 2019 年底各项重要遗产成果。

同日 北京市应急管理局、河北省应急管理厅、天津市应急管理局及北京市房山区人民政府在燕山石化组织开展 2021 年京津冀应对危险化学品安全生产事故联合应急演练。

6 月 25 日 延崇（北京延庆—河北崇礼）高速公路延伸工程、赤城支线通过交工验收，二者同属 2022 年冬奥会重大交通保障项目配套工程。

同日 京津冀集体合同示范文本签约仪式暨京津冀劳动关系协同工作座谈会在北京召开。人力资源和社会保障部劳动关系司、京津冀三地省级人社行政部门、工会组织以及部分区（县）人社部门、同级工会组织相关负责人和部分企业代表参加签约仪式。

6 月 26 日 北京冬奥村居住区全面完工，交付北京冬奥组委使用，赛时可提供 2234 张床位。

6 月 29 日 位于国家会议中心二期的北京 2022 年冬奥会主媒体中心完工，具备交付北京冬奥组委条件。其总使用面积约 21.1 万平方米，主要包括国际广播中心（IBC）和主新闻中心（MPC）两部分功能，是全球注册平面媒体及转播商的赛时媒体总部。

本月　北京2022年冬奥会延庆赛区生态修复工作完工，生态修复面积达214万平方米。

本月　北京教育科学研究院与社会科学文献出版社联合发布《京津冀教育蓝皮书：京津冀教育发展报告（2019—2020）》。蓝皮书建议，未来亟须提升京津冀区域教育发展优质均衡水平，在义务教育方面，鼓励优质中小学以教育集团、结对帮扶、委托管理、开办分校等方式开展跨区域合作办学。

7月

7月14日　京津冀民政事业协同发展第五次联席会议在天津召开。三地民政部门共同签署《京津冀民政事业协同发展三年行动计划（2021—2023年）》，明确将在养老服务、社会事务、社会组织、干部人才交流等重点领域持续推进协同发展。

7月15日　市人力资源和社会保障局在中国北京人力资源服务产业园通州园区举办人力资源服务京津冀区域协同地方标准培训，宣讲三地标准具体内容、等级评定流程，并进行现场答疑。来自北京通州、河北雄安及廊坊北三县66家人力资源服务机构的87名高管参加培训，北京通州区、雄安新区、廊坊北三县人力资源市场主管部门负责同志及工作人员一同参加培训活动。

7月30日　以“加强协同发展　共建美好临空”为主题的北京大兴国际机场临空经济区协同发展第二届高峰论

坛在廊坊举行。论坛围绕建设全球创新资源接驳地，京冀两地正协同融合发展，联合对外招商推介、引入高端优质项目，共建世界一流综合保税区，建设全球临空经济创新发展新标杆。综合保税区预计年底实现封关运行。

本月 首都经济贸易大学、社会科学文献出版社共同发布《京津冀蓝皮书：京津冀发展报告（2021）》。蓝皮书分析指出，三地跨区域产业活动和创新联系更为活跃，北京外溢效应明显，三地间逐渐形成产业分工。持续的创新投入，已使河北走出产业长期在中低端徘徊的困局。

本月 北京城市副中心剧院、图书馆、博物馆工程主体结构全面完成。三大建筑项目位于城市绿心西北部市民文化休闲组团，与行政办公区隔大运河相望，是城市副中心“一带、一轴、两环、一心”[①] 规划格局的重要组成部分。

本月 历时六个月的引黄工程向永定河春季生态补水顺利结束，累计向永定河生态补水 1.29 亿立方米。

本月 北京市园林绿化局、天津市规划和自然资源局、河北省林业和草原局联合印发《京津冀鸟类等野生动物联合保护行动方案》，探索建立京津冀鸟类等野生动物联合保护长效机制。

---

① 经党中央、国务院批复同意的《北京城市副中心控制性详细规划》提出，在城市副中心内形成“一带、一轴、两环、一心”的绿色空间格局，其中“一带”是指生态文明带，“一轴”是指创新发展轴，“两环”指环城绿色休闲游憩环、设施服务环，“一心”指城市绿心。

8月

8月2日　北京市支持河北雄安新区建设的雄安宣武医院项目实现主体结构封顶。这是北京市支持雄安新区建设的“三校一院”交钥匙工程中体量最大的工程，将成为雄安新区第一座大型三级甲等医院。

8月6日　北京经开区、天津经开区、广州经开区通过“跨省云签”方式签署《京津穗经开区政务服务改革创新合作联盟框架协议》，正式启动三地国家级经开区268项政务服务事项跨省通办。

同日　以“融合与共享”为主题的北京冬残奥会倒计时200天活动在北京冬奥组委首钢办公区举行。活动集中展示北京冬奥组委组织开展残奥公众教育特别是青少年教育所取得工作成果。

8月12日　北投大厦项目正式开工。项目建成后将成为北投集团总部大楼，也是城市副中心第一家市属国企总部大楼。

8月13日　蔡奇就农村疫情防控和农业农村现代化到通州区于家务乡检查调研。他强调，农村地区防疫不可掉以轻心，要严格落实防疫要求，加强流动人口管理和农村大集等场所防疫检查，落实常态化防疫措施，堵上漏洞，消除隐患，严防疫情发生。农业农村现代化是实施乡村振兴战略的总目标，城市副中心要抓好“三农”工作，坚持城乡统筹、以城带乡，把现代农业发展得更好，把乡村建设得更美，加快推进农业农村现代化。

8 月 16 日 市经济和信息化局发布《北京市氢能产业发展实施方案（2021—2025 年）》。《方案》提出，北京将以冬奥会和冬残奥会重大示范工程为依托，2023 年前实现氢能技术创新“从 1 到 10”的跨越，培育 5—8 家具有国际影响力的氢能产业链龙头企业，京津冀区域累计实现产业链产业规模突破 500 亿元，减少碳排放 100 万吨。

8 月 20 日 北京冬奥组委暨城市运行保障指挥部第七次调度会议、北京新冠肺炎疫情防控工作领导小组第一百一十九次会议暨首都严格进京管理联防联控协调机制第七十次会议召开。会议听取第六次调度会议部署的重点工作和议定事项落实情况及下一步工作安排、北京市运行保障指挥部各工作组任务推进落实情况的汇报，研究审议冬奥疫情防控有关政策。河北省有关领导出席。

8 月 25 日 市委常委会召开会议，研究《北京市“十四五”时期推动京津冀协同发展规划》等事项。会议指出，推动京津冀协同发展是融入新发展格局的重要支撑。要深入贯彻习近平总书记对北京重要讲话精神，紧紧抓住疏解非首都功能这个“牛鼻子”，疏解的同时也是在更大范围进行生产要素重组，优化产业布局。高质量推进城市副中心建设，做实国家绿色发展示范区、通州区与廊坊北三县一体化高质量发展示范区。建设现代化首都都市圈，通勤圈要加强环京地区合作，建好区域快线，推动公共服务延伸布局；功能圈要引导创新要素有序流动，促进功能互补、错位发展；产业圈要发挥市场主导作用，推动创新链、产业链、供应链“三链联动”。抓好市郊铁路与城际铁路建设，打造“轨道上的京津冀”。推进首都国际机场和大兴国际机场“双枢纽”建设。用好天津出海口。强化生态环境、疫情防控等领域联防联控。加强自贸区合作，共建高水平开放平台。发挥冬奥会辐射带动作用，打造京张体育文化旅游带。各区各部门要按照《规划》任务分工狠抓落实。

8月27日 北京冬奥组委暨城市运行保障指挥部第八次调度会议、北京新冠肺炎疫情防控工作领导小组第一百二十次会议暨首都严格进京管理联防联控协调机制第七十一次会议召开。会议指出，要深入贯彻习近平总书记关于北京冬奥会和冬残奥会筹办工作和疫情防控的重要指示精神，认真落实冬奥会工作领导小组要求，进一步增强紧迫感和责任感，把冬奥会疫情防控作为重中之重来抓，最大限度降低疫情输入风险，确保如期安全办赛。

8月28日 蔡奇到北京冬奥会和冬残奥会延庆赛区检查调研冬奥筹办和疫情防控工作。他强调，冬奥筹办进入全面冲刺的关键时期。冬奥各赛区是比赛项目的集中举办地，届时赛事组织、场馆运行、疫情防控、人员管理、服务保障等任务繁重。要进一步提高政治站位，切实增强责任感、使命感和紧迫感，各方面都要压上去，加强统筹调度和工作衔接，以严谨的态度、过硬的作风、细致的工作，全力以赴抓好冬奥筹办和疫情防控，确保北京冬奥会和冬残奥会如期安全顺利举办。陈吉宁、张延昆一同检查调研。

8月29日 地铁1号线与八通线贯通运营，实现城市中心区与城市副中心的双向无换乘直达。贯通之后，1号线八通线全长达54.47公里，运营全程用时为85分钟。

8月30日 北京冬奥组委暨城市运行保障指挥部第九次调度会议、北京新冠肺炎疫情防控工作领导小组第一百二十一次会议暨首都严格进京管理联防联控协调机制第七十二次会议召开。会议研究调度国际测试赛疫情防控和筹备工作。会议指出，要加强顶层设计，坚持问题导向，完善运行指挥体系，全力以赴做好测试赛疫情防控。严格入境人员和办赛人员闭环管理；统筹做好航空保障，坚持“人、物、环境”同防；同步做好交通场站、住宿酒店等疫情防控和服务保障。各属地要一体推进测试赛防疫和城市防疫。科技防疫要跟上，提升监测预警能力。“一馆一策”细化各场馆疫情防控方案、明确应急处置流程，加强应急演练，遇有情况快速反应、及时处置。

本月 北京市税务局联合相关部门制订《2022年冬奥会和冬残奥会减免税统计方案》等文件，全面规范流程并统一标准，明确落实冬奥税收优惠政策的细则。京冀两地税务部门已跨地域、跨系统、跨部门建立起一套政策执行体系，确保北京冬奥会和冬残奥会各项税收优惠政策平稳落地。

本月 通州区政务服务中心分别完成与河北省三河市燕郊、天津市武清区的首单“跨省通办”业务。

本月 北京2022年冬奥会和冬残奥会延庆赛区国家高山滑雪中心A1、A2索道已完成索检验收，正式取得国家客运架空索道安全监督检验中心颁发的《客运索道安全检验标志》。这标志着延庆赛区国家高山滑雪中心所有索道认证完成，具备运营条件，赛区内部交通系统全部贯通。

本月 由北京市牵头申报的京津冀氢燃料电池汽车示范城市群，经财政部、工信部等五部委批准，入选首批示范城市群。

9月

9月1日 密云水库流域“两市三区五县”①生态环境联建联防联治工作交流会召开。交流会上，密云区通报北京密云水库保护公益基金会有关情况，“两市三区”政府负责人联合签发《密云水库流域“两市三区”“十四五”时期生态环境保护和协同发展工作要点》，与会领导围绕习近平总书记重要回信一周年及生态环境联建联防联治工作交流发言。

9月3日 2021国际冬季运动（北京）博览会在首钢园举行。本届冬博会以“冰雪力量”为主题，旨在拉动中国冰雪产业发展，构建冰雪经济发展新格局。

9月6日 以“工业互联网赋能京津冀产业协同发展”为主题的京津冀工业互联网协同发展论坛暨对接会在2021中国国际数字经济博览会期间成功举办。《京津冀工业互联网协同发展白皮书》发布，京津冀工业互联网供需对接平台正式发布上线，并完成中国工业互联网研究院与中电

① （河北省承德市及所属的丰宁县、滦平县、兴隆县，河北省张家口市及所属的沽源县、赤城县，北京市怀柔区、延庆区、密云区）

网络通信集团有限公司合作框架协议签约。

9月7日—9日 京津冀晋四省市人大常委会围绕大清河流域水污染防治和水资源保护利用等，先后到山西灵丘、河北保定、北京房山、天津西青和雄安新区开展“京津冀晋大清河流域水污染防治、水资源保护和利用”联合专题调研，推动《白洋淀生态环境治理和保护条例》有效实施。

9月9日 “洁净能源 为冬奥加油”中国石化北京冬奥氢能服务全面启动仪式在京举行，在北京冬奥崇礼和延庆两大赛区规划建设的北京庆园街加氢站、北京王泉营加氢站、北京燕化兴隆油氢合建站、河北崇礼西湾子加氢站四座服务冬奥加氢站正式投入运营。

9月10日 北京冬奥组委暨城市运行保障指挥部第十次调度会议、北京新冠肺炎疫情防控工作领导小组第一百二十二次会议暨首都严格进京管理联防联控协调机制第七十三次会议召开。会议研究调度冬奥会疫情防控和筹办工作，指出国际测试赛举办在即，要增强倒计时的紧迫感，紧紧围绕“简约、安全、精彩”的办赛要求，加强统筹协调、密切联动配合，全力以赴做好疫情防控和筹办工作，确保赛事安全顺利举办。

9月12日 蔡奇、陈吉宁、李伟、市政协党组书记魏小东与来京考察的河北省党政代表团开展座谈。蔡奇指出，京津冀协同发展是以习近平同志为核心的党中央作出的重大决策，是重大国家战略。要认真抓好贯彻实施，深化京冀交流合作，扎实推动各项重点任务落实落地，不断开创京津冀协同发展新局面。要高标准建设大兴国际机场临空经济区，综保区年底前封关运行，打造全国首创综保区跨界共商共建共享新模式。推动两地自贸区政策联动，实现政务服务“同事同标”，共同打造协同开放平台。落实临空经济区产业规划，联合打造一体化产业生态。要深入推进通州区和北三县一体化高质量发展，推动交通、产业、公共服务向北三县延伸布局，抓好生态环境协同保护。要紧紧围绕“简约、安全、精彩”的办赛要求，合力做好冬奥疫情防控和筹办工作，要办好国际测试赛。要抓好协同发展有关重点领域任务落实，全力支持河北雄安新区建设，积极推进交通互通互联、生态保护等工作，提升区域公共服务水平。推动构建现代化首都都市圈，带动环京地区发展。

9 月 13 日　北京城市副中心政务服务中心正式运行，首批可办理 1722 项市级政务服务事项，与位于六里桥的北京市政务服务中心形成“东西呼应”的政务服务新格局，让市民办事更方便。

9 月 17 日　北京 2022 年冬奥会和冬残奥会主题口号发布活动在首都博物馆举行，北京冬奥主题口号：“一起向未来”（英文为：“Together for a Shared Future”）正式对外发布。蔡奇、陈吉宁等出席并共同发布主题口号。

9 月 18 日　北京冬奥组委暨城市运行保障指挥部第十一次调度会议、北京新冠肺炎疫情防控工作领导小组第一百二十三次会议暨首都严格进京管理联防联控协调机制第七十四次会议召开。会议研究国家速滑馆、国家雪车雪橇中心场馆、主媒体中心场馆等疫情防控方案。会议指出，要深入贯彻习近平总书记关于北京冬奥会和冬残奥会筹办工作和疫情防控的重要指示精神，以跑秒计时的状态、压线冲刺的干劲，全力以赴做好疫情防控和筹办工作，确保北京冬奥会和冬残奥会如期安全顺利举办。陈吉宁、魏小东、张延昆出席。

9月20日 北京环球度假区正式开园。蔡奇、陈吉宁等出席开园仪式。北京环球度假区是世界第五个、亚洲第三个环球主题公园。一期项目包括北京环球影城主题公园、北京环球城市大道，以及环球影城大酒店和诺金度假酒店等。其中，北京环球影城主题公园共有七大主题景区，每个景区配有相关游乐设施、娱乐表演、特色商店和餐饮店。此外，公园内还有特技表演、音乐剧、话剧、巡游等丰富多彩的演出。截至2021年年底，园区累计接待游客超过160万人次，成为北京文化旅游新地标。

9月23日 京津冀三地举办2021年度人力资源服务业骨干人才视频培训。本次培训由京津冀三地人力社保厅（局）主办，北京市人才服务中心承办，采取线上线下相结合的方式，京津冀三地人力资源市场主管部门首先分别介绍本地人力资源服务业发展情况，邀请业内行业专家围绕人力资源服务业创新与赋能、变革中人力资源服务业的新商机等内容进行精彩辅导，来自京津冀三地200余家人力资源服务机构的255名高管参加培训。

9月24日 北京冬奥组委暨城市运行保障指挥部第十二次调度会议、北京新冠肺炎疫情防控工作领导小组第一百二十四次会议暨首都严格进京管理联防联控协调机制第七十五次会议召开。会议研究首都国际机场、国家游泳中心、五棵松体育中心等疫情防控方案。会议指出，当前冬奥筹办和测试赛各项工作都箭在弦上，越到最后阶段，越要增强工作紧迫感，树牢底线思维，坚持问题导向，进一步梳理总结、查漏补缺，把各种情况想周全、把各项措施定周密，全力以赴做好冬奥筹办和疫情防控工作，确保北京冬奥会和冬残奥会如期安全顺利举办。

同日 第十一届北京国际电影节京津冀艺术电影联盟启动仪式暨高峰论坛在中国电影博物馆举行。

9 月 27 日 市委市政府召开推进北京城市副中心高质量发展动员部署会。蔡奇强调，要深入贯彻习近平总书记对北京重要讲话精神和对城市副中心规划建设一系列重要指示精神，持续深化对城市副中心的认识，进一步提高站位，增强责任感使命感紧迫感，坚持创新引领、“五子”联动，创建“两个示范区”，建设绿色城市、森林城市、韧性城市、海绵城市、智慧城市、人文城市、宜居城市，努力创造城市副中心质量，不断开创城市副中心高质量发展新局面。

同日 首届京津冀自贸试验区联席会议在天津召开，并签署《京津冀自贸试验区三方战略合作框架协议》。京津冀自贸试验区联席会议机制的落地实施将推动三地自贸试验区进一步突破体制机制阻碍，为实现产业链、创新链的深度融合以及更加均衡的协同发展，奠定坚实的平台基础、提供充分的政策保障和搭建完善的制度框架。

9月28日　京冀两地联合举办全球招商大会，推动大兴机场临空经济区联动发展。大会聚焦生命健康、航空保障、国际消费、数字贸易等领域，就两地规划特点、区位优势、产业定位等做相关推介，就综保物流、自贸服务等重点产业进行主题分享。

9月30日　北京冬奥组委暨城市运行保障指挥部第十三次调度会议、北京新冠肺炎疫情防控工作领导小组第一百二十五次会议暨首都严格进京管理联防联控协调机制第七十六次会议召开。会议研究冬奥会工作人员和志愿者、国家体育馆、首钢滑雪大跳台、国家高山滑雪中心等疫情防控方案。会议指出，首场国际测试赛开赛在即，要聚焦成功办赛，迅速进入实战状态，把主要精力、资源力量进一步向冬奥汇集，全力抓好测试赛、疫情防控等工作，确保北京冬奥会和冬残奥会如期安全顺利举办。

10月

10月1日　密云水库蓄水量达到35.79亿立方米，水位155.3米，创建库以来历史新高。

同日　永定河上游2021年秋季生态补水启动，补水时间约90天，预计补水1.04亿立方米。

10月1日—7日　第五届中国戏曲文化周活动期间，京津冀三地23家专业院团以及多家民间社团，围绕“风华百年颂”“英雄今古情”“华彩韵京城”“昆曲丝竹吟”“非遗老戏台”“英雄出少年”等主题，联袂举办240余场演出、近300场次讲座导赏对谈、近500场次互动活动，吸引近 8 万人次观众。

10 月 5 日 北京冬奥会运行指挥部围绕“相约北京”系列冬季体育赛事 2021 下半年测试赛和测试活动召开首次调度会。会议强调，要精心做好赛事组织，提供舒适、便捷、安全的服务，提升各方参赛体验。陈吉宁、张延昆出席。

10 月 8 日—10 日 2021 年首场北京冬奥会测试赛“相约北京”速度滑冰中国公开赛在国家速滑馆“冰丝带”举办。来自中国、韩国和荷兰的 41 名运动员和随队官员参赛。这是国家速滑馆的首项国际比赛。

10 月 13 日 第二届中国广电媒体融合发展大会在京举行。现场，首届新视听媒体融合创新创意大赛同步启动，京津冀和全国七家广播电视媒体融合发展创新中心共同签署战略合作协议。

10 月 15 日 北京冬奥组委暨城市运行保障指挥部第十四次调度会议、北京新冠肺炎疫情防控工作领导小组第一百二十六次会议暨首都严格进京管理联防联控协调机制第七十七次会议召开。会议研究调度冬奥会防疫和测试赛办赛工作，强调要继续办好测试赛，统筹抓好赛事组织、疫情防控、服务保障等工作，关心关爱参赛人员和服务保障人员，提高办赛水平；做好冬奥火种采集等工作；加强冬奥宣传报道，抓住举办测试赛契机，宣传精彩赛事及冬奥防疫和筹办工作进展，做好北京冬奥会倒计时 100 天等重要活动宣传，推动冬奥氛围持续升温。

10 月 15 日—17 日 2021 第九届北京国际旅游商品及

旅游装备博览会举行。博览会设置共五大主题展区、600余展位，其中京津冀文旅协同发展展区，作为京津冀旅游商品一体化品牌的联合推广渠道，联袂展出精品文创等领域的创新产品。

10 月 19 日 “协同创新　一体发展”2021 北京城市副中心与北三县产业一体化发展推介交流会举行。本次项目推介洽谈会以“协同创新 + 一体发展”为主题，旨在继续搭建对接合作平台，高起点、高标准、高水平推进通州区与北三县一体化高质量发展，提升两地创新链、产业链、供应链对接协作水平，打造京津冀协同发展的“桥头堡”。

10 月 20 日 北京 2022 年冬奥会火种抵达北京，北京冬奥会火种欢迎仪式在奥林匹克塔举行。蔡奇手持火炬点燃火种台。北京 2022 年冬奥会火种展示和火炬接力计划发布，火种灯、火炬接力标志和火炬手服装也同步亮相。

10 月 21 日 由北京市社会体育管理中心、延庆区体育局主办的 2021 年徒步京津冀活动在玉渡山风景区成功举办，700 余名来自京津冀三地的徒步爱好者参与活动。活动旨在加强京津冀三地健身爱好者交流，促进京津冀一体化发展以及京张体育文化旅游带建设。

10 月 25 日 北京 2022 年冬奥会开幕倒计时 100 天主题活动在京举行。韩正出席活动，并发布北京冬奥会和冬残奥会奖牌“同心”。蔡奇致辞，并播放托马斯·巴赫的致辞视频。

10 月 26 日 市政协和市委统战部联合召开议政会，

13位民主党派、工商联和无党派人士代表及政协委员、专家学者发言，围绕努力克服新冠肺炎疫情影响，如期成功举办2022年北京冬奥会冬残奥会协商议政。蔡奇讲话指出，要深入贯彻习近平总书记关于北京冬奥会和冬残奥会筹办工作的重要指示精神，牢牢把握“简约、安全、精彩”的办赛要求，确保北京冬奥会如期安全顺利举办。

同日　首都高校冬奥、冬残奥志愿者誓师大会暨首都青少年共迎冬奥倒计时100天冰雪嘉年华活动在北京体育大学举行。誓师大会上，通过线上线下联动，来自首都各高校的志愿者代表共同宣誓。与会领导共同为赛会志愿者和城市志愿者团队授旗，并为“青力冬奥奔向未来”冰雪嘉年华活动揭幕。据统计，共有1.4万名首都高校大学生成为北京冬奥会和冬残奥会赛会志愿者，他们将在北京、延庆、张家口三个赛区提供志愿服务。

10月27日　京津冀人民防空协同发展第七次联席会议以视频会议形式召开。会议深入学习贯彻习近平总书记关于加强人民防空的重要论述，交流贯彻落实习近平总书记关于健全完善国防动员体制和加强人民防空的重要指示精神，推进新形势下京津冀人民防空协同发展改革创新的好思路、好经验、好做法。北京市、天津市、河北省人防办和中央直属机关、中央国家机关人防办负责同志作重点发言。

10月28日　国家体育场“鸟巢”改造工程完工，这里主要承担北京冬奥会和冬残奥会开闭幕式四场活动。至此，北京2022年冬奥会北京及延庆赛区场馆和配套基础设施全面完工。

10 月 29 日　北京冬奥组委暨城市运行保障指挥部第十五次调度会议召开。会议研究调度冬奥会防疫和测试赛办赛工作。会议指出，北京冬奥会已进入倒计时 100 天，要进一步增强使命感紧迫感，进入赛时体制，主动担当，事不过夜，统筹推进冬奥筹办和疫情防控，确保冬奥会如期顺利举办。陈吉宁、魏小东、张延昆出席。

同日　生态环境部召开新闻发布会，通报 2017 年以来，通过实施秋冬季大气攻坚行动，重点区域空气质量持续改善。2020 年秋冬季，京津冀及周边地区、汾渭平原 PM2.5 浓度比 2016 年同期分别下降 37.5%、35.1%，重污染天数分别下降 70%、65%。生态环境部等十部委会同京津冀等七省市人民政府，印发《2021—2022 年秋冬季大气污染综合治理攻坚方案》。

11 月

11 月 2 日　首都规划建设委员会在京召开第四十二次全体会议，学习贯彻习近平总书记关于首都规划建设管理的重要指示精神，听取北京城市总体规划、首都功能核心区控规和城市副中心控规实施体检评估情况，研究审议首都防疫设施专项规划。会议强调，要强化目标引领，以钉钉子精神抓好规划实施，大力加强“四个中心”功能建设，提高“四个服务”水平。强化问题导向，精准施策、标本兼治，坚定不移疏解非首都功能，推进京津冀协同发展。强化统筹协调，统筹发展和安全，统筹突出政治中心和突出人民群众，营造优良政务环境，增强人民群众获得感。强化央地联动，发挥首规委及办公室职能作用，牢固树立一盘棋意识，不折不扣把首都规划落到实处。要抓好首都防疫设施专项规划编制实施。

同日　京津冀地区正式启动首次申领居民身份证“跨省通办”试点工作。长期在京工作、学习、居住的天津市武清区、河北省三河市燕郊开发区户籍人员，可在北京试点窗口申请办理首次申领居民身份证异地受理。在津冀工作、学习、居住的北京市通州区户籍人员，可在津冀试点窗口申请办理首次申领居民身份证异地受理。

11 月 3 日　市委常委会召开会议，听取《北京市新增产业的禁止和限制目录》修订情况汇报等事项。会议指出，要聚焦优化提升首都功能，坚守初衷，严守功能底线，坚定不移疏解一般制造业、区域性专业市场和物流中心等，持续从源头严控非首都功能增量。

11 月 4 日　韩正主持召开第二十四届冬奥会工作领导小组会议，深入贯彻落实习近平总书记关于冬奥会筹办重要指示精神，全面启动赛时运行指挥体系，研究部署北京冬奥会和冬残奥会筹办重点任务。蔡奇出席会议并讲话。

11 月 5 日　北京冬奥组委暨城市运行保障指挥部第十六次调度会议、北京新冠肺炎疫情防控工作领导小组第一百三十二次会议暨首都严格进京管理联防联控协调机制第八十三次会议召开，学习贯彻第二十四届冬奥会工作领导小组会议精神，研究调度冬奥会筹办、疫情防控、测试赛办赛工作。会议强调，要强化统一指挥，确保赛时运行指挥体系高效运转。冬奥筹办及整个赛事在冬奥会工作领导小组领导下开展工作。要注重细节为王，抓好各项筹办任务。要全力抓好疫情防控，确保赛事安全。社会面疫情防控要常抓不懈。按照既定部署，坚持“快严准”，压实“四方责任”，科学精准抓好“外防输入、内防反弹”，一鼓作气打赢疫情防控阻击战。要抓好竞赛场馆和非竞赛场馆收尾，按计划推进临时设施和无障碍设施建设。要加强统筹，做好各方面责任衔接，兼顾好冬奥办赛、疫情防控、城市运行、民生保障等工作。

11 月 9 日　首都城市环境建设委员会办公室下发通知，即日起在全市范围内组织开展“擦亮北京城　迎接冬奥会”集中整治非法小广告专项行动，为 2022 年北京冬奥会和冬残奥会提供环境秩序保障。行动持续至 2022 年 3 月 31 日。

11 月 16 日　京津城际铁路推出 30 日定期票、20 次计次票两种新型票制产品，方便北京、天津两地商务差旅和通勤旅客便捷出行。

11 月 19 日　北京冬奥组委暨城市运行保障指挥部第十七次调度会议召开，研究调度冬奥会筹办、疫情防控、测试赛办赛工作。会议研究《北京 2022 年冬奥会和冬残奥会赛区应急救援处置程序》，指出要压实一线责任，整合各类专业、技术人员，组建应急救援团队，细化应急预案，开展针对性培训，提高处置能力。要抓好国际测试赛疫情防控和办赛工作，深入细致做好冬奥赛会服务保障工作。

11月20日—21日　北京冬奥村（冬残奥村）举行全要素测试。北京冬奥村开展全流程、全要素、场景化、实战化的运行测试模拟战。测试人员规模共计2415人，其中774人组成43个“代表团”和1个“观察团”，参加代表团注册、居民服务、餐饮保障、核酸采样等18个场景和11个科目演练，为正式开村奠定基础。

11月24日　北京2022年冬残奥会倒计时100天主题活动在国家游泳中心“冰立方”举行，北京2022年冬残奥会火炬接力计划对外发布。蔡奇、国际残奥委会主席帕森斯致辞。蔡奇指出，北京市将按照“简约、安全、精彩”的办赛要求，与国内外各方面密切合作，全力做好疫情防控和各项筹办工作，为世界奉献一届精彩、非凡、卓越的冬残奥会，为推动残奥运动发展、促进社会文明进步、构建人类命运共同体作出新的贡献。陈吉宁出席。

11月25日　京津冀国家级经开区优化营商环境改革创新合作联盟在北京经开区成立。按照“产业联动、资源整合、一体相连”的发展思路，确立产业协同共建共享、政务服务互通互办、放管服改革互学互鉴、人才干部互派交流四大合作机制。

同日　由北京市人力资源和社会保障局主办、北京市人才服务中心承办线上“2021京津冀博士后人才招收洽谈会”在中华英才网成功举办，活动持续到12月1日。本次洽谈会汇集151家京津冀地区博士后设站单位参会，提供覆盖生命医药、信息技术、人工智能等领域的优质岗位1700余个。

11 月 26 日　国务院印发《关于支持北京城市副中心高质量发展的意见》，明确支持北京城市副中心高质量发展的指导思想、基本原则、主要目标，围绕六个方面部署重点任务：坚持创新驱动，打造北京发展新高地；推进功能疏解，开创一体化发展新局面；强化规划管理，创建新时代城市建设发展典范；加强环境治理，建设国家绿色发展示范区；对标国际规则，搭建更高水平开放新平台；加大改革力度，增强发展动力活力。

11 月 30 日　位于北京大兴国际机场临空经济区内的京东 5G 智能物流产业园项目开工，竣工后将进一步提升京津冀地区物流数字化水平。

本月　延庆区冬奥会环境提升完成，交通干道、大街小巷内外焕新：40 余个冬奥景观小品一路相伴进赛区、110 条背街小巷完成“微治理”、一街一文化展现“最美冬奥城”。

本月　2022 年北京冬奥会交通基础保障设施——延庆停保中心场站正式投入运营，总建筑规模为 11.7 万平方米，是冬奥会 3 大赛区 16 处交通场站中面积最大的一处。赛时为延庆赛区闭环车辆提供停车、安保、清洗、消杀、维修、调度等服务保障。

本月　北京市启动 2021 年至 2022 年秋冬季大气污染综合治理攻坚行动，津冀地区协同开展秋冬季大气污染治理攻坚战。通过一系列措施，推进空气质量进一步改善，提升市民蓝天获得感。

本月　位于北京环球度假区周边的北京城市副中心通

马路综合交通枢纽、环球影城北综合交通枢纽项目开工。这两座交通枢纽是集轨道交通、地面公交、出租车、小汽车、自行车等为一体，定位面向中心城、联络各新城、服务副中心、辐射京津冀的站城融合的交通枢纽综合体，满足城市副中心文化旅游区及周边居民日常出行需求，为环球影城主题公园高峰日大客流交通需求提供保障。

12 月

12 月 1 日 北京城市副中心运河商务区成为城市副中心的绿色 CBD，截至 2021 年 10 月底，运河商务区集聚 14765 家符合功能定位的高精尖企业，注册资本金额达 3861 亿元，现代金融服务产业链和总部经济发展态势已初步形成。

12 月 3 日 北京冬奥组委暨城市运行保障指挥部第十八次调度会议召开，研究调度冬奥会筹办、疫情防控、测试赛办赛工作。会议研究了冬奥医疗保障工作方案、车辆证件注册实施办法等事项。会议指出，当前国际测试赛正顺利进行。我们要牢牢把握“简约、安全、精彩”的办赛要求，始终保持赛时状态，瞄准全面圆满完成测试任务目标，精益求精做好赛事组织和疫情防控工作，为冬奥赛时运行做好全面准备。

同日 国务院新闻办公室举行新闻发布会，介绍北京冬奥会和冬残奥会最新筹办进展以及延庆、张家口赛区筹备情况。北京 2022 年冬奥会计划于 2 月 4 日开幕，2 月 20 日闭幕；冬残奥会计划于 3 月 4 日开幕，3 月 13 日闭幕。目前各项准备工作已经就绪。在场馆和基础设施方面，12 个竞赛场馆全部完工，通过国际冬季单项体育组织认证，全面具备办赛条件。

12 月 4 日 冬奥会的国际关系与东北亚合作国际学术会议在京举行。来自中国、韩国、日本、蒙古国等国的 50 余位专家学者就冬奥会中的外交与全球治理、韩日俄冬奥会的成功经验、北京冬奥会与东北亚合作新契机等议题展开深入讨论。

12 月 4 日—5 日 “相约北京”系列冬季体育赛事国际雪联跳台滑雪洲际杯和北欧两项洲际杯两项活动在张家口赛区的国家跳台滑雪中心、国家越野滑雪中心举行。来自京冀两地高校的 430 多名志愿者为两项赛事提供志愿服务。

12 月 5 日 “志愿新时代　共筑中国梦”——2021 年国际志愿者日主题宣传活动线上举行，并发布《北京志愿者通用知识培训读本》和《北京志愿者培训工作指引》。《培训读本》与《培训指引》将广泛应用于北京市志愿服务组织和志愿者队伍的能力培训，助力北京冬奥会和冬残奥会志愿服务。

同日 冬奥会和冬残奥会城市志愿者在全市各个城市服务站点上岗，主要负责参与和承担城市运行保障工作。

12 月 6 日 北京 2022 年冬奥会和冬残奥会城市志愿者誓师大会举行，并正式发布冬奥会和冬残奥会北京城市志愿者标识系统。

12 月 7 日 国际奥委会执行委员会会议以视频形式召

开。托马斯·巴赫主持，蔡奇致辞，胡安·安东尼奥·萨马兰奇讲话。蔡奇在致辞中指出，中国政府高度重视冬奥会筹办工作，习近平主席作出一系列重要指示，为筹办工作指明了方向。在国际奥委会大力支持下，北京冬奥组委与各方面紧密合作，全面落实绿色、共享、开放、廉洁办奥理念，克服新冠肺炎疫情等风险挑战，全力推进各项筹办工作。

12 月 7 日　京津冀三地人民银行联合工信部门通过视频形式组织召开京津冀协调机制 2021 年度会议，发布京津冀产业链金融支持计划并举行试点银行签约仪式。该计划聚焦雄安、北三县、通州、滨海新区等重点区域，设置货币政策资金额度，支持京津冀产业链上的小微企业和民营企业融资。

12 月 9 日　北京 2022 年冬奥会火种展示活动在北京邮电大学举办。本次活动是北京冬奥会圣火采集回国以来首次走进大学校园，活动现场还展示北京冬奥会火炬、火炬手制服等。

12 月 10 日　北京冬奥组委暨城市运行保障指挥部第十九次调度会议召开。会议通报上次调度会议以来的重点工作和重点问题，研究冬奥城市运行保障总体方案、涉奥必要人员赛前来华工作闭环管理实施方案等事项。

同日　清华大学通州金融发展与人才培养基地在城市副中心开工，竣工后将建设成为具有国际视野的金融科技研究与产学研合作平台。

12 月 11 日　“永葆赤子心　共圆中国梦——港澳台

侨同胞共建北京奥运场馆纪念展”在国家游泳中心“冰立方”揭幕。揭幕式上，港澳台侨同胞捐资人代表发言，北京海外联谊会发布《港澳台同胞、海外侨胞支持北京2022年冬奥会、冬残奥会倡议书》。

12月11日—12日 延庆冬奥村（冬残奥村）开展全流程、全要素的运行模拟测试。结果表明，延庆冬奥村已基本具备赛时运行条件。

12月13日 国际奥委会、国际残奥委会和北京冬奥组委发布第二版《北京2022年冬奥会和冬残奥会防疫手册》，帮助运动员、随队官员和所有其他涉奥人员最终确定前往和抵达北京的计划、冬奥会和冬残奥会期间的时间安排以及离开中国的时间。

同日 北京2022年冬奥会火种抵达首钢园，火种展示活动在秀池水下展厅举办。

12月14日 韩正在北京调研冬奥会、冬残奥会筹办工作。他强调，要深入贯彻落实习近平总书记关于全力做好北京冬奥会和冬残奥会筹办工作的重要指示精神，围绕“简约、安全、精彩”办赛要求，把疫情防控摆在突出位置，精益求精、落实落细各项筹办工作，确保北京冬奥会和冬残奥会如期顺利举办。蔡奇参加。

同日 雄安新区启动区两横四纵NA9NA11项目的NA11市政道路实现全线贯通，这标志着雄安新区启动区首条主干道路全线打通。

12月15日 延庆奥林匹克园区正式获得国际奥委会批准，成为继北京奥林匹克公园、北京冬季奥林匹克公园后，北京市第三个被冠以奥林匹克称号的区域。

同日 首钢滑雪大跳台办赛全部基础设施就位，闭环内所有临时设施功能性验收完成。

12月16日 北京国际奥林匹克学院在首都体育学院揭牌成立。

12月18日 第八届北京市民快乐冰雪季系列活动在石京龙滑雪场启动。本届冰雪季以“全民健身迎冬奥 快乐冰雪圆梦想”为主题，活动包括冬季运动趣味体验、滑雪公益体验课、青少年U系列滑雪冠军赛等板块，将持续至2022年4月。

同日 北京大学人民医院通州院区正式开诊。院区建筑面积达11.9万平方米，日门诊量可达4000人次。

12月20日 京津冀协同发展统计监测协调领导小组办公室发布2020年京津冀区域发展指数。本次测算结合区域发展变化以及“十四五”时期发展目标和重点，对原区域发展指数评价指标体系进行了优化调整，并将测算基期由2010年调整为2014年。测算结果显示，2020年京津冀区域发展指数为119.33，与2014年相比，年均提高3.22点。其中，绿色发展指数、创新发展指数、共享发展指数是推动总指数上升的主要因素，三个分指数分别为140.81、131.87、133.78，协调发展指数和开放发展指数分别为114.52和75.69。

12月21日 第五届通武廊文化旅游交流季开幕式在通州区张家湾设计小镇举办。交流季为期一个月，围绕“文脉同源”“戏韵同根”“荟墨同声”“冬梦同行”“书香同悦”五大活动板块，持续开展 15 场文化活动。

同日 京津冀协同发展重点工程——厂通路北京、河北段同步开工。

12 月 23 日 国务院新闻办公室举行新闻发布会，介绍北京冬奥会和冬残奥会防疫政策及相关筹备工作，对近日发布的第二版《北京 2022 年冬奥会和冬残奥会防疫手册》以及有关冬奥会防疫的相关措施进行解读。所有涉奥人员需要在来华至少 14 天前完成全程疫苗接种，才可以免除集中隔离，进入闭环管理。

12 月 24 日 北京冬奥组委暨城市运行保障指挥部第二十次调度会议召开。会议通报上次调度会议以来的重点工作和问题，研究调度冬奥会筹办、疫情防控、测试赛办赛工作。会议强调，要进一步增强责任感紧迫感，以更加高昂的斗志、务实严谨的作风，精益求精、全力以赴做好冬奥筹办和疫情防控工作，确保北京冬奥会和冬残奥会如期安全顺利举办。即将举办的冬季两项国际训练周是冬奥会前最后一场国际测试活动，要精心组织、善始善终，给冬奥测试赛画上圆满句号。

同日 由北京市交通委、天津市交通运输委和河北省交通运输厅联合编制的《京津冀交通一体化发展白皮书（2014—2020 年）》发布，全面梳理了七年来京津冀交通一体化发展成果。七年来，“轨道上的京津冀”不断提速，相邻城市间铁路 1.5 小时通达，京雄津保“1 小时交通圈”形成。

12 月 25 日 “领跑氢能未来 · 共创双碳时代”京津冀

燃料电池汽车示范城市群启动会议召开。会上发布《京津冀燃料电池汽车示范城市群实施方案（简本）》《京津冀燃料电池汽车示范城市群年度任务计划》和《京津冀燃料电池汽车示范城市群工作机制》等多个文件。京津冀燃料电池汽车示范城市群作为国家首批城市群获批。

同日 北京市卫生健康委会同天津市、河北省卫生健康委与河北雄安新区管委会在雄安新区共同签署新一轮《支持雄安新区医疗卫生事业发展合作框架协议》。

12月26日 “冰丝带”智慧场馆建设正式完成。

12月28日 北京冬奥会城市运行保障全要素应急演练举行，检验和磨合城市运行保障相关机制，为做好冬奥会城市运行保障奠定基础。

同日 第六届京津冀品牌农产品（线上）产销对接活动首次采取线上形式成功举办。主会场设在北京新发地国际农产品会展中心，天津、河北等地分别设分会场。活动设置参观品牌农产品、供货商推介、采购商代表发言、签订合约等环节，现场签约金额达3.6亿元。活动的举办搭建了区域农产品对内交流和对外展示的平台，助力京津冀特色农产品塑强农业品牌，推动京津冀农产品产销流通的高效协同，确保“两节”及冬奥会冬残奥会期间首都“菜篮子”等农副产品高质量供应。

12月29日 “天津港—平谷”海铁联运首班常态化班列抵达平谷马坊。这是“天津港—平谷”海铁联运班列升级至“隔天班”的常态化运行。

12月30日 北京市支持河北雄安新区建设幼儿园项

目竣工验收并正式移交雄安新区，这是“三校一院”项目中第一个完成竣工验收并交付的项目，将助力雄安新区提升基础教育实力。

12月31日 北京2022年冬奥会和冬残奥会誓师动员大会召开。蔡奇强调，冬奥筹办到了最后迈向胜利的关键时刻，要深入贯彻习近平总书记关于北京冬奥会和冬残奥会筹办工作的重要指示精神，进一步增强责任感紧迫感，铆足干劲、再接再厉，以首善标准完成好最后阶段各项任务，确保办成一届简约、安全、精彩的奥运盛会，书写“双奥之城”新的历史华章。李伟、魏小东、张延昆出席会议。

本月 中国银行北京冬奥村支行投入试运营。网点布设两台业内首款可兑换数字人民币硬钱包的自助兑换机。赛时可向运动员、媒体记者及场馆其他服务人员提供外币兑换、支付结算、数字人民币及其他银行金融服务。

本年 2021年，京津冀实现地区生产总值9.6万亿元。其中北京、河北经济总量突破4万亿元，按不变价格计算，比上年分别增长8.5%和6.5%；天津实现地区生产总值15695.1亿元，增长6.6%。与2019年相比，京津冀三地GDP两年平均分别增长4.7%、3.9%和5.1%。三地居民收入稳步增加，城乡居民收入差距自2018年以来持续缩小。

2022年

1月

1月1日 河北省廊坊市永清县云裳小镇二期项目云裳服饰广场投入运营。北京疏解服饰企业和商户2000余家入驻，在此就业人员5000多人。

1月4日 习近平在北京考察2022年冬奥会、冬残奥会筹办备赛工作。他强调，办好北京冬奥会和冬残奥会，是我们向国际社会作出的庄严承诺；经过几年努力，各项筹备工作基本就绪，我们完全有信心、有能力为世界奉献一届精彩、非凡、卓越的奥运盛会；要坚定信心、振奋精神、再接再厉，全面落实简约、安全、精彩的办赛要求，抓紧抓好最后阶段各项赛事组织、赛会服务、指挥调度等准备工作，确保北京冬奥会和冬残奥会圆满成功。

同日 北京冬奥会主媒体中心启用，并进入闭环管理，首批境外媒体工作人员在媒体中心内准备赛前工作。

1月5日 市委常委会扩大会议和北京冬奥组委党组扩大会议召开，传达学习习近平总书记在北京考察2022年冬奥会、冬残奥会筹办备赛工作时的重要指示精神。会议要求，在冬奥筹办决战决胜的最后阶段，牢记习近平总书记重托，更加自觉地扛起责任，一盘棋统筹、倒计时推进，坚决打赢冬奥筹办的最后定局之役，努力为世界奉献一届简约、安全、精彩的奥运盛会，以优异成绩迎接党的二十大胜利召开。

1月6日 北京市城市管理委会同天津市城市管理委、河北省住房城乡建设厅联合发布《关于建立建筑垃圾偷运乱倒联动整治工作机制的通知》。自零点开始，京津冀三地启动建筑垃圾违规跨省（市）运输专项治理行动——“零点行动”，第一期为三个月。

1月10日 《北京城市副中心（通州区）“十四五”时期园林绿化发展规划》发布。“十四五”时期，通州区将打造不少于1000亩的湿地修复精品工程。

1月12日 北京新冠肺炎疫情防控工作领导小组第一百三十七次会议暨首都严格进京管理联防联控协调机制第八十八次会议召开。会议指出，境外疫情加速扩散蔓延，国内多地出现聚集性疫情，奥密克戎毒株为疫情防控带来更大风险。当前已进入北京冬奥时刻，面临外防输入、内防反弹的双重压力，各级各部门要坚决扛起政治责任，保持应急状态，加强联防联控，众志成城、严阵以待、严防死守，全力以赴一体推进冬奥防疫和城市防疫，确保首都安全、冬奥安全、市民群众安全。

1月14日 以“相约北京冬奥　共谋合作发展”为主题的北京冬奥会友城合作发展论坛开幕。陈吉宁出席开幕式并致辞表示，北京深入贯彻习近平总书记重要指示精神，坚持绿色、共享、开放、廉洁的办奥理念，把绿色可持续作为北京冬奥最鲜明的底色，抓好疫情防控，推动冰雪运动蓬勃开展，赛会各项服务保障工作已全面就绪，以冬奥会为重要契机，推动友城间加强开放与交流。我们有信心、有能力为世界奉献一届精彩、非凡、卓越的奥运盛会，彰显“双奥之城”独特魅力。

同日 《北京城市副中心（通州区）“十四五”时期文化和旅游发展规划》发布。规划提出2025年大运河国家5A级旅游景区将全面建成，并要推进大运河与环球主题公园实现水上连通。

1月15日 市委常委会扩大会议和北京冬奥组委党组扩大会议召开，传达学习习近平总书记听取北京冬奥会筹办工作汇报时的重要讲话精神。会议指出，要深刻领会和把握“如期顺利举办即成功”的办赛目标，把疫情防控好、把赛事组织好的基本底线，疫情防控、赛事组织、赛会服务保障、开闭幕式、指挥调度等方面重点任务，统筹抓好城市运行保障的要求，进一步振奋精神、激发干劲，向着成功办奥的最终目标全力冲刺，确保办成一届简约、安全、精彩的奥运盛会。

同日 北奥集团向北京冬奥组委交付延庆冬残奥颁奖广场舞台，这也标志着北京、延庆、张家口三大赛区颁奖广场舞台全部交付使用，颁奖广场运行工作已准备就绪。

1月18日 北京冬奥村（冬残奥村）启动闭环管理，进入赛时状态，1月23日预开村，迎接首批入住运动员。1月27日正式开村，3月16日闭村。

1月19日 北京冬奥组委发布《北京2022年冬奥会

和冬残奥会遗产报告集（2022）》，包括体育、经济、社会、文化、环境、城市发展和区域发展等七个单册遗产报告，介绍从2015年申办成功以来，北京、延庆、张家口、首钢园区在交通网络、基础设施、环境治理、公共服务和人文环境等方面形成的城市发展遗产成果。

1月21日 蔡奇到首都国际机场检查北京冬奥会机场疫情防控和抵离服务保障工作，看望慰问民航、海关、边检、公安、机场、疾控等一线工作人员。他强调，冬奥在即，北京将迎来各国宾朋。首都国际机场既是“外防输入”的重要关口，也是展示冬奥氛围、首都形象，体现我们热情好客的第一窗口。要严格落实防疫手册，精心做好抵离服务保障，以严密防疫措施、热情优质服务为冬奥会保驾护航，给各国宾朋留下美好的“第一印象”。陈吉宁、张延昆一同检查。

同日 京张高铁冬奥列车开启赛时运输服务。京张高铁为北京2022年冬奥会及冬残奥会提供运输服务，时间自1月21日起至3月16日止，共计55天。

1月25日 习近平在北京钓鱼台国宾馆会见托马斯·巴赫。习近平指出，经过六年多筹办，北京冬奥会各项准备工作已经就绪，即将如期如约顺利举办。我们将兑现承诺，向世界呈现一届简约、安全、精彩的奥运盛会。这是新冠肺炎疫情发生以来首次如期举办的全球综合性体育盛会，是对“更快、更高、更强——更团结”奥林匹克新格言的成功实践。蔡奇参加会见。

同日 韩正主持召开京津冀协同发展领导小组会议，

深入学习贯彻习近平总书记有关重要讲话精神，贯彻落实党的十九届六中全会精神和中央经济工作会议部署，审议有关文件，研究部署下一步重点工作。韩正强调，要进一步把思想认识和行动统一到党中央决策部署上来，紧紧抓住疏解北京非首都功能这个“牛鼻子”，聚焦重点领域和关键环节，凝聚工作合力，科学把握工作节奏和方式方法，推动京津冀协同发展不断取得新成效。蔡奇出席会议。

同日 北京冬奥会的重要标志性建筑“海陀塔”项目全面竣工。塔顶的“奥运五环”由本体与底座构成，本体总重量51吨，单个五环结构由两个整环及130根连接杆件构成，五环的底座桁架由H型钢拼接而成，吊装高度超120米，总重量160吨。塔身四周还围绕6条“冰晶飘带”，每条飘带由钢管拼接，单条飘带重45吨。

同日 北京市广播电视局、天津市广播电视局、河北省广播电视局以视频会议的形式启动京津冀“携手迎冬奥同心过大年”活动。活动期间，京津冀三地共享影视版权，丰富冬奥、春节期间的电视荧屏内容供给。

1月26日 国际奥委会北京冬奥组委首次每日协调会以视频形式召开，标志着北京冬奥会赛时高层协调机制正式启动。

1月27日 韩正到北京冬奥组委调研并主持召开专题会，强调要深入学习贯彻习近平总书记重要指示精神，再接再厉、精益求精，全力以赴做好最后阶段各项工作，向世界呈现一届简约、安全、精彩的奥运盛会。蔡奇出席会议并讲话。

1月31日 蔡奇通过视频系统检查调度春节期间冬奥筹办、疫情防控和城市运行保障等工作，并看望慰问坚守岗位一线的干部职工，给大家送去新春祝福。他强调，2022年的春节不同以往，既要在做好防疫的前提下让市民群众过好节，又要全力以赴保障冬奥会如期安全顺利举办。各级各部门各单位要坚决扛起责任，坚持干部在岗、群众过节，统筹做好春节期间冬奥筹办、疫情防控和城市运行保障工作，让市民群众过好节、喜迎冬奥会。陈吉宁、张延昆一同检查调度。

同日 生态环境部通报2021年全国环境空气质量状况，京津冀及周边地区“2+26”城市平均优良天数比例为67.2%，同比上升4.7个百分点；PM2.5浓度为43微克/立方米，同比下降18.9%。

同日 陈吉宁“四不两直”走访多个重点单位，检查冬奥筹办、疫情防控和公共安全等工作，向一线工作人员送去新春祝福，感谢大家为服务保障冬奥、守护城市安全所付出的辛勤努力，勉励大家发扬连续作战精神，以虎虎生威的干劲统筹抓好各项工作，保障人民群众欢度新春佳节、喜迎冬奥盛会。

本月 《北京城市副中心（通州区）“十四五”时期服务业扩大开放和商务服务业发展规划》印发。规划提出，要统筹利用商圈升级改造专项支持政策和其他商业领域扶持政策，推动传统商圈“一店一策”改造，提升消费体验。

2 月

2 月 2 日　北京 2022 年冬奥会火炬接力启动仪式隆重举行。韩正出席仪式，点燃北京 2022 年冬奥会火炬，并宣布火炬接力开始。蔡奇致辞，并播放了国际奥委会主席巴赫的致辞视频。火炬接力的主题是“迎接冰雪之约、奔向美好未来”。火炬在北京、延庆、张家口三个赛区传递。

2 月 3 日　蔡奇检查北京冬奥会、冬残奥会城市运行、交通组织和开闭幕式服务保障工作。他强调，北京冬奥会即将如期开幕，要首先聚焦开幕式，全面进入赛时状态，以最高标准、最严要求，全力做好服务保障工作，让市民群众共享简约、安全、精彩的冬奥盛会。

2 月 4 日　北京第二十四届冬季奥林匹克运动会开幕式在国家体育场隆重举行。习近平出席开幕式并宣布本届冬奥会开幕。李克强、栗战书、汪洋、王沪宁、赵乐际、韩正、王岐山等党和国家领导人，巴赫，以及来自世界各地的领导人和贵宾出席开幕式。蔡奇、巴赫致辞。

2 月 9 日　北京、天津、河北三地科技主管部门共同举办“关于共同推进京津冀基础研究合作协议（第三期）”视频签约活动，三地科技创新合作深度和广度进一步拓展。

2 月 11 日　在国际奥委会、北京冬奥组委例行新闻发布会上，北京冬奥组委发布《北京 2022 年冬奥会和冬残奥会遗产案例报告集（2022）》。北京冬奥会最重要的遗产成果是实现“带动 3 亿人参与冰雪运动”的目标。这一申办冬奥会时北京向世界作出的承诺，已经实现。

2月17日 国家发改委公布《国家发展改革委等部门关于同意京津冀地区启动建设全国一体化算力网络国家枢纽节点的复函》，同意在京津冀地区启动建设全国一体化算力网络国家枢纽节点，规划设立张家口数据中心集群。

2月18日 市推进京津冀协同发展领导小组召开会议。会议传达京津冀协同发展领导小组会议精神，听取关于北京市推进京津冀协同发展2022年工作要点的汇报、关于官厅水库生态修复和污染治理有关情况的汇报，书面审议推进京津冀协同发展2021年工作进展情况。会议强调，要构建现代化首都都市圈。各区要找准定位，平原新城要提高综合承载能力。“通勤圈”积极发展区域快线，提升通勤效率，形成同城化效应。“功能圈”全力支持雄安新区规划建设，唱好京津“双城记”。“产业圈”共建上下游衔接的产业链和供应链体系。发挥冬奥会引领作用，打造京张体育文化旅游“金名片”。要提升重点领域协同发展水平。巩固提升“轨道上的京津冀”。推动大兴国际机场临空经济区和综合保税区高质量发展。深化区域生态环境协同治理和污染联防联控。支持京津冀国家技术创新中心建设，发挥北京创新优势赋能津冀产业升级。提升区域营商环境，协同加强京津冀公共服务、疫情防控等。

2月20日 第二十四届冬季奥林匹克运动会闭幕式在国家体育场隆重举行。习近平等党和国家领导人，巴赫出席闭幕式。来自91个国家和地区的近3000名运动员参加北京冬奥会比赛项目7个大项15个分项109个小项，刷新 2 项世界纪录和 17 项冬奥会纪录。中国代表团以 9 金 4 银 2 铜刷新了单届冬奥会获金牌数和奖牌数两项纪录，名列金牌榜第三位，创造了自 1980 年参加冬奥会以来的历史最好成绩。

同日 北京冬奥组委举行赛事总结新闻发布会。蔡奇通过视频致发布辞，代表北京冬奥组委，向国际奥委会及关心和参与北京冬奥会的朋友们表示衷心感谢。北京冬奥会赛事组织体系运转顺畅，比赛精彩纷呈，为参赛运动员营造了专业、公平的竞赛环境，给世界留下了深刻印象和美好回忆。北京冬奥会防疫有力有效，坚持把保障参赛各方安全放在首位，严格执行防疫手册，成为疫情下首次如期举办的全球综合性体育盛会，也为今后举办国际性重大活动提供成功范式。北京冬奥会凸显“一起向未来”主题，大力弘扬奥林匹克精神，为不同文明交流互鉴提供舞台，发出人类面对困难挑战团结前行的时代强音。

2 月 21 日 国际奥委会举行答谢招待会并颁授奥林匹克勋章。蔡奇获得奥林匹克金质勋章。陈吉宁等五人获奥林匹克银质勋章。巴赫宣布颁奖决定。现场向北京冬奥组委工作人员、志愿者代表颁授徽章。

2 月 22 日 市政府召开常务会议，研究推进京津冀协同发展 2022 年工作要点等事项。会议强调，要增强政治自觉和责任担当，坚定不移疏解非首都功能，深入实施新一轮疏整促专项行动，提升核心区服务保障能力，推进城市副中心和雄安新区“两翼”联动发展，加快构建现代化首都都市圈。要全面落实《国务院关于支持北京城市副中心高质量发展的意见》，打造京津冀协同发展的高质量样板和国家绿色发展示范区，发挥城市副中心桥头堡作用，推进建设与北三县一体化高质量发展示范区，全力支持雄安新区建设。要加强任务统筹协调，聚焦重点领域，加大工作力度，推动交通、生态、产业、公共服务等领域协同发展水平迈上新台阶，形成区域协同发展新局面。

2 月 25 日 北京市统计局发布数据显示，2021 年，京津冀地区生产总值合计达到 9.6 万亿元，是 2013 年的 1.7 倍。其中，北京 40269.6 亿元，与 2013 年相比，年均增长 6.3%；天津 15695.1 亿元，年均增长 5%；河北 40391.3 亿元，年均增长 6.3%。三地居民收入稳步增加，城乡居民收入差距自 2018 年以来持续缩小。

2 月 27 日 国际残奥委会北京冬奥组委首次高层协调会以视频形式召开，北京冬残奥会赛时高层协调机制正式启动。

本月 国家林草局、国家发改委、自然资源部、水利部印发《北方防沙带生态保护和修复重大工程建设规划（2021—2035 年）》。规划提出，京津冀山地平原区要强化生态环境联建联防联治，全面保护森林、草原、湿地等生态资源，全面提升太行山、燕山和坝上等地区森林草原质量。京津冀协同发展生态保护和修复工程共布局四大重点项目，主要包括张承坝上地区生态综合治理项目、燕山山地生态综合治理项目、太行山（河北）生态综合治理项目、雄安新区森林城市建设及白洋淀生态综合治理项目，涉及 41 个县（市、区）。

本月　《北京城市副中心（通州区）“十四五”时期教育事业发展规划》对外发布。规划提出，到 2025 年城市副中心将全面构建高质量教育体系，教育现代化持续向更高水平迈进，建成首都基础教育优质均衡示范区、教育体制机制创新引领区、教育开放融通先行区和京津冀教育协同发展先导区。

后 记

习近平总书记视察北京并发表重要讲话，将京津冀协同发展上升为国家战略已经八年多了，京津冀协同发展掀开新的历史篇章。为忠实记录2018年3月以来京津冀协同发展战略的生动实践，我们续编了《北京市推进京津冀协同发展战略大事记（2018.3—2022.2）》。

市委高度重视本书编写工作。市委书记蔡奇主持召开市委常委会听取党史工作汇报，要求及时跟踪记录好习近平新时代中国特色社会主义思想在京华大地的生动实践。市委常委、组织部长孙梅君亲自审定书稿。

本书编写工作在市委党史研究室、市地方志办室务会领导下进行。室主任李良主持谋划部署工作，指导提升编写质量；室副主任、一级巡视员张恒彬逐字逐句审读书稿，提出指导性意见；班子成员陈志楣、刘岳、运子微，提出宝贵意见。

第一研究处承担编写任务。韩勤英负责全书统改并参与具体编写工作。韦冬妮、张卓、祁霄、刘超、唐智诚、王羚参加编写工作，柳雨霏参与编校工作。张卓起草编写方案，王羚承担出版联络、编务以及注释工作。

本书编写工作得到北京市各有关单位、各区及区党史地方志部门的大力支持。周继东、温卫东等专家为完善书稿提出宝贵意见和建议。在此，谨表示衷心感谢！

限于资料掌握程度和编写水平，书中难免存在错漏之处，敬请读者批评指正。

编　者

2022 年 3 月